如何与孩子聊天

简若明 著

中国商业出版社

图书在版编目（CIP）数据

如何与孩子聊天 / 简若明著. -- 北京 : 中国商业出版社, 2024.7
ISBN 978-7-5208-2911-3

Ⅰ. ①如… Ⅱ. ①简… Ⅲ. ①家庭教育 Ⅳ. ①G78

中国国家版本馆 CIP 数据核字（2024）第 098504 号

责任编辑：包晓嫱
策划编辑：佟　彤

中国商业出版社出版发行
（www.zgsycb.com 100053 北京广安门内报国寺1号）
总编室：010-63180647　编辑室：010-83118925
发行部：010-83120835/8286
新华书店经销
三河市刚利印务有限公司印刷
*
710 毫米 ×1000 毫米　16 开　12 印张　153 千字
2024 年 7 月第 1 版　2024 年 7 月第 1 次印刷
定价：59.00 元
* * * *
（如有印装质量问题可更换）

第一章

聊天是极佳的教育方式

第二章

聊天，从关心孩子的日常开始

第三章

如何与孩子聊学习的意义

第四章

如何与孩子聊学习中遇到的困难

第五章

与孩子聊一聊社交中遇到的问题

第六章

与孩子聊一聊青春期

第七章

与孩子聊一聊自我安全意识与法律启蒙

第八章

与孩子聊一聊“钱”

第九章

与孩子聊一聊人生

第一章

聊天是极佳的教育方式

我们为什么要重视与孩子的聊天

在人际交往中，聊天是最重要的沟通方式。与孩子通过聊天进行沟通交流是至关重要的，却常常被很多父母忽略。

通过与孩子聊天，我们可以了解孩子的学习、生活，所思所想，还可以帮助他们解决问题，从而建立亲密的亲子关系。

人都是独立又与众不同的个体，不同的际遇造就不同的人生。孩子在

成长的过程中，会遇到各种各样的人和事。作为父母，我们不可能每时每刻都陪伴在孩子身边，很多事情都需要孩子自己经历，父母想要了解，只能通过其他途径，而其中最主要、最直接的方式就是聊天。通过与孩子聊天，父母可以获得孩子对学校的看法，对朋友的喜好，对未来的梦想等各种有效信息。这些信息可以帮助父母更好地引导孩子，帮助他们健康成长。

而父母通过与孩子分享自己的经历和感受，可以让孩子更好地了解父母，从而建立更加亲密的亲子关系。同时，父母也可以通过倾听孩子的想法和感受，了解孩子的生活经历以及内心世界。这种有效的沟通可以减少父母与孩子之间的误解及矛盾。

我们与孩子间的关系

在中国传统的家庭观念中，大部分父母与子女是类似上下级的“君君，臣臣，父父，子子”的关系。家庭里，父母拥有绝对权威，孩子只能被动地接受父母给予的一切。这种不平等的关系容易导致家庭矛盾和冲突。作为被“统治”、被“领导”的角色，很多时候，孩子发出的声音都会被作为“上位者”的父母忽略或者无视。时间久了，孩子会妥协、会放弃、会消极对待，最后很大可能变成一个没有主见，遇事优柔寡断的人，进入社会就可能被

贴上“妈宝男”“应声虫”“墙头草”之类的标签。

而现代的家庭教育的观点则是，父母和孩子应该是平等的。著名作家周国平先生说：“我始终认为，作为孩子的朋友，孩子也肯把自己当作朋友，乃是做父母的最高境界。”

平等的关系，有助于孩子的成长。在平等的环境中，孩子更容易形成独立的个性，自信心和责任感也能得到培养，更有可能成长为一个有爱心、同理心，尊重他人的人。而这些品质，对于孩子的成长和社会的发展都至关重要。

当然，要实现父母与孩子之间的平等并非易事。这不仅需要作为父母的我们转变观念，提高自身素质，还需加强与孩子的沟通。在与孩子沟通的时候，父母要注意说话时的方式、语气，尽量避免“下命令”，如“你今天必须做……”“你一定要做……”等。而这种命令的句式后面常常会加上一些威胁性的话，比如“你要是不做，就会……”也许会体罚孩子，也许会拿孩子在意的东西相要挟。

这么做只会把孩子推到父母的对立面去，让孩子从心底想反抗。时间久了，孩子与父母的心理距离越来越远。

也许一开始用这种方式，孩子会乖乖听话。这是因为孩子觉得自己无法反抗比自己强大有力的父母，所以只能妥协。但随着孩子慢慢长大，他渐渐明白，很多时候父母只不过是个“纸老虎”，所有的威胁只是停留在口头上而已。这时孩子自然有恃无恐，变得更加叛逆、更加难管，而这一切的根源，就是父母的命令与威胁。

正确的方法，应该是把“你必须……”换成“你觉得……怎么样”或者“你认为 A 方案好，还是 B 方案好”等句式，让孩子知道父母不是高高在上地命令他，而是在征求他的意见，或者让他自己做选择。

记得有个很有名的例子，一个孩子跟着父母去街上，街上人山人海，孩子被吓哭了。一开始，父母不理解孩子为什么会害怕，但是当父母弯下腰，发现在孩子的视野里，所见尽是腿和脚，根本看不到人们的脸，才知道孩子不理解自己见到了什么，所以很害怕。因此，父母与孩子聊天时，应该蹲下去，视线跟孩子齐平，见孩子所见，自然就会理解孩子了。

父母蹲下跟孩子处于平等的位置，孩子会觉得自己得到了平等对待，得到了尊重，自然就学会了尊重别人、换位思考。这有利于孩子成长为一个善待他人、独立自主、人格健全的人。

父母的话语对孩子成长过程中的影响

美国哈佛大学医学院马丁泰彻博士发现，言语压力会造成孩子大脑的“损伤”。孩子的大脑处于发育状态，尚未定型，调节压力的能力跟成年人相比差得很远。父母大声训斥孩子，会让孩子害怕、焦虑，从而产生巨大的压力。

如果周围环境充满了压力，需求又常常被忽视，人类的大脑就会为了适应环境而调整状态，转换为“求存模式”。一个人若只能求生存，就会变得谨慎、胆怯、吝啬，倾向于讨好他人，想要躲藏起来不希望被人注意等。而思维模式一旦形成就很难改变，终身都可能为其左右。

“你的脑袋是木头吗？就不能转一转？”

“生你有什么用？”

“养你这么大，一点儿忙都帮不上，还不好好学习，真是太让我们失望了！”

……

这些大人听了都难受的话，却被很多父母用来教训孩子。暴力的语言，像利刃一样刺进孩子的心里，埋进孩子的脑海，造成的伤害也许一生都无法治愈。很多父母从来都不明白，他们的孩子如此叛逆，做出种种偏激的事情，是因为他们承受了太多语言暴力带来的伤害，他们需要发泄。

“我都是为了他好！”

“他怎么这么狠心这么记仇！怎么不想想我们对他的好？”

很多父母会说：“我骂孩子，还不是为了孩子好，孩子怎么就不能理解呢？”这些父母不明白的是，他们高举着“为孩子好”的大旗，却将语言化作无形的软刀子，捅得孩子遍体鳞伤。

中国青少年研究中心曾对1000多名未成年人进行调查。调查结果显示，经常遭受语言暴力的孩子，不良性格特征尤为明显。其中25.7%的孩子表现出自卑，22.1%的孩子表现出冷酷，56.5%的孩子性格暴躁……

心理学家武志红在给几位少年犯做心理辅导时，发现他们的父母经常用一些特别刺耳的话骂他们，如“猪脑子”“废物”“丢人”“你怎么不去死”

等。在充满消极语言的土壤里，怎么可能开出积极向阳的花朵呢？

攻击性、伤害性的语言不仅毁掉了孩子的一生，也毁掉了无数个幸福家庭。反之，积极的、温暖的语言也能让孩子变得自信、乐观、开朗，让家庭变得幸福、温馨。

蔡元培先生认为，决定孩子一生的不是学习成绩，而是健全的人格修养。想要培养孩子健全的人格，父母首先要做的就是改变说话的语气和方式。

父母想要孩子积极乐观开朗，健康健全地成长，不只需要学习喂养孩子的知识，更要学习与孩子说话的技巧。

亲子聊天中说话的艺术与应用

说话的艺术不仅是职场人的必修课，也是父母的必备技能。恰当地组织、使用语言，在人际交往与亲子交流中能够起到事半功倍的效果。然而，很多父母在和孩子交流的时候，往往不得要领，甚至造成误解和矛盾。

那么父母应该怎样与孩子聊天，才能事半功倍呢？

1．了解孩子的需求与感受

在跟孩子聊天的时候，首先要做的就是要了解孩子的需求和感受。

有次我去朋友家做客，朋友的孩子放学刚回到家，还没有坐下喘口气，他就来了个“疑问三连”：“作业做完了吗？”“今天考试了吗？”“在学校没跟人闹矛盾吧？”

孩子在学校里学了一天的功课，步行回来，额头还有汗，做父母的却不关心他累不累、渴不渴，劈头盖脸就一番“拷问”，孩子自然觉得委屈。可即便如此，孩子还是很有礼貌地先跟我问了好，才头也不回地回了房间。朋友看到孩子不跟父母打招呼就自顾自地回房间，又发了一通火，还数落了孩子妈妈一顿。

后来我找机会问朋友：“你跟孩子说话都是用这种语气吗？”

朋友说："是呀，这有什么不对吗？孩子妈妈脾气好，爷爷奶奶也都宠爱他，不会说一句重话，要不是我严厉点儿，他早就翻天了。"

孩子翻不翻天不知道，不想跟他交流倒是真的。因为他不仅没有了解孩子的需求，更没有顾及孩子的感受——不论是谁，都不喜欢被人质问。孩子刚进门就被他一番质问，自然产生反感，不愿意继续交流了。

无论何时，孩子需要的都是父母的关心。如果朋友在孩子进门时能先问一句"走这么远的路，还背着这么沉的书包，是不是累了"，然后适时给孩子递去一杯温水或者是一条擦汗的毛巾，再顺势问他"今天书包看起来很沉，是不是带回来很多作业"，孩子得到爸爸的关心，心情很好，话匣子自然就打开了。

2. 使用肯定的语言

孩子在某些方面取得进步或者达到优秀的时候，父母应该及时肯定孩子的努力，做出积极的回应。肯定孩子的优点、努力和进步，可以激发孩子的积极情绪和动力。同时，肯定的语言还可以帮助孩子建立正确的价值观和人生观。

谦虚虽然是美德，但是用错地方就会起负面效果。比如很多父母担心孩子太骄傲，即使孩子很优秀，也喜欢当着别人的面数落他，把夸奖全变成了否定甚至是贬低。有的父母为了"谦虚"而"谦虚"，绞尽脑汁地找一些孩子的缺点，在别人夸奖自己孩子的时候，当着孩子的面将这些小缺点、小毛病夸张地说一通，让孩子很下不来台。还有的父母喜欢说反话，虽然是变相地夸奖孩子，但是大多数孩子都很敏感，而且心理并不成熟，他们并不知道父母在说反话，只觉得父母在批评或者贬低自己，他们会当真，会觉得难过，会觉得自尊受到了伤害。尤其是青春期的孩子，正处在自我

证明、自我建设的阶段，为了证明自己并不像父母说的那样，他们往往采取一些叛逆、极端的手段。长此以往，孩子心理还能健康吗？

据心理学家的研究，兴趣其实并不能让人长久地做一件事情，而及时得到正面反馈却可以做到。游戏为什么会让大人孩子都沉迷，因为游戏的奖励是即时的，而学习的反馈却要在一段时间之后才能得到。因此，想让孩子对学习产生兴趣，就要不时给予孩子奖励，缩短奖励的反馈时长。所以父母不要害怕孩子骄傲，该夸奖的时候就要大大方方地夸奖，别人夸赞自己孩子的时候也要大大方方地接受。让孩子明白，父母在为他的优秀和进步感到骄傲、感到高兴。孩子得到父母和周围人的肯定，自然就会明白自己的努力是正确的，之后就会更有动力。

3．掌握引导性提问技巧

在与孩子聊天的时候，父母可以利用引导性的提问来了解孩子的想法和情况。比如我的两个女儿闹矛盾了，姐姐就来告状，说妹妹真是讨厌，总是喜欢生气。我问她，你们为什么闹矛盾了？姐姐说她们是因为对一件事情的看法不同，所以吵起来了，最后妹妹生气了，不跟她一起玩了。于是我就问她，你觉得是这件事情重要，还是跟妹妹一起玩重要？姐姐想了一会儿，告诉我她觉得这件事很重要，但是也很想跟妹妹一起玩。我继续问，那要怎么做才能既让妹妹明白你是对的，又能让妹妹继续跟你玩呢？姐姐想了想，突然跳起来说："我知道了！"虽然我不知道她到底是怎么做的，但是最后的结果真的如她所愿。

事实证明，很多事情孩子都能自己解决，尤其是一些人际交往上的问题，他们缺少的可能只是一个思考的过程。

如果当时我没有引导姐姐自己想办法解决问题，而是图省事当个"糊涂判官"，不管前因后果，也不管孩子的真正目的和需求，在她俩谁都不服谁的情况下，就越俎代庖做判断，我想最后的结果肯定没有姐姐自己思考，并付出行动后得到的结果好。

孩子通过不停地提出问题、思考问题获得成长的经验，只有深入思考，得出来的结果才能记忆深刻，才能在之后的生活学习中灵活地运用。

4．应用幽默和趣味性的语言

使用幽默而有趣的语言，会让聊天的氛围变得轻松，也会让孩子觉得跟你聊天是一件值得享受的事情。反之，如果每次聊天，父母翻来覆去说的都是干巴巴的那么几句话，换位思考下，如果你是孩子你会有什么样的反应？

举例子来说，有一阵子，电视上的动画片都是各种"羊"，我那上二年级的小侄子天天放学就坐到电视机前，不到吃饭的时间是不会起身的。后来突然有一天，他放学第一件事不是打开电视，而是先做作业，这让他的父母都惊讶不已。之前他父母想让他养成放学回来先做作业再看电视的好习惯，可好赖话说尽了，他自“岿然不动”。不论父母怎么威逼利诱、软硬兼施都没做到的事情，居然就在那一天这么简单地解决了，实在有点儿出人意料。

后来孩子父母了解到，原来是孩子的班主任老师是个有意思的人。班主任了解到班里很多孩子都跟我小侄子一样，总是先看电视再做作业，导致每天都“开夜车”。于是，班主任每天找机会结合动画片情节或角色，跟孩子讲一些道理。比如孩子们上课注意力不太集中时，他会说“你们平常不‘懒羊羊’，考试的时候才能‘喜羊羊’”或者是“上课睡觉觉，下课打闹闹，考试死翘翘”之类的幽默的话，既能引得孩子们哄堂大笑，又能让孩子们把老师的话放到心上，从而改掉坏习惯。

善用幽默风趣的语言，可以让孩子更容易接受老师的建议和指导，也可以让孩子感觉老师是可以信任的，可以一起轻松开玩笑的朋友。父母也

可以这样，跟孩子交流的时候，多一点儿幽默风趣，多一点儿轻松自在，孩子自然更愿意跟父母沟通交流。

有时候饭做好了，孩子正玩得很开心，拖拖拉拉不想停下，这时父母往往会说些“快过来吃饭，不然就怎么怎么样”一类的既扫兴又强硬的话。如果把这些话换成幽默点儿的，比如“干饭机器人，表演时间到了，请开始你的干饭表演”等，孩子肯定更容易接受，也就更愿意按父母说的去做了。再比如孩子坐姿不正确，一般父母都会批评：“坐直一点儿，不然驼背了后悔就晚了！”如果幽默一点儿，父母可以竖起两根手指，模仿剪刀的样子，然后跟孩子说：“这棵小树是不是长歪了？我们来修剪修剪吧！”然后就可以挠孩子痒痒，让孩子在笑声中接受父母的建议。

第二章

聊天，从关心孩子的日常开始

从与孩子聊一聊他自己开始

美国麻省理工学院研究发现，让孩子更聪明的不是阅读，而是聊天。与父母交谈越多的孩子社交能力越好，大脑中语言相关区域的活动就越强，孩子也就越聪明。

有些父母会说，我也想要跟孩子多聊聊，但跟孩子说不了三句话，不是我生气了，就是孩子生气了，大家根本聊不到一起去。

出现这种情况，大部分是因为父母下班之后的私人时间太少，不得不压缩与孩子相处的时间。可是随着成长，孩子有了思想和主见，加上以前与父母交流的时间很少，自然无话可聊。

经观察，笔者发现很多父母跟孩子聊天时，都是下面这种问答式的：

爸爸："作业写完了没有？"

孩子："写完了。"

爸爸："课文预习了吗？"

孩子："预习了。"

爸爸："那明天上学要用的东西准备好了吗？"

孩子："准备好了。"

……

就这样，爸爸问完，孩子答完，“聊天”就结束了。

其实孩子的爸爸想要跟孩子多交流，想要了解孩子的更多情况，也想跟孩子愉快地聊聊其他的内容，但他使用的都是一些宽泛的、没有具体内容的一问一答的交流方式，就像是汇报工作一样，无论是孩子还是父母，

都完全没有往其他话题上聊的动力。

如果父母想深入聊天，首先就不要用质问的语气。听到质问，孩子容易心生反感，自然不愿意跟父母继续聊。其次，想要让孩子多说说自己的情况，就要把问题具体化，并且不要把聊天的目的性表现得那么明显，让孩子觉得父母只关心他的学习，对他本人并不在乎。

父母跟孩子聊天的目的是关心孩子，但值得关心的不仅仅是学习，孩子身上还有许多方面都是需要父母关注的，关心的方面多了，话题自然也就多了。那么在日常生活中，父母可以跟孩子聊哪些话题，用什么方式跟孩子聊才合适呢？

有专家说孩子是“社交型学习者”，会从与他们有关系并且让他们感到安全的人身上学习。好的聊天能够锻炼孩子的计划、自我认知、社交能力等。父母想要跟孩子进行有效互动，自然也是从这几个方面聊起。

科学表明，良好的自我认知能够促进孩子的学习能力、社交能力和感情控制能力的发展，同时对于孩子的自信心、自尊心等心理健康也具有重要的影响，因此孩子的自我发展起着至关重要的作用。

自我认知是对自己的洞察和理解，包括自我观察和自我评价。自我观察是对自己的感知、思维和意向等方面的觉察；自我评价是对自己的想法、期望、行为以及人格特征的判断与评估，这是自我调节的重要条件。

孩子的自我认知是通过不断自我观察、对比和体验来形成和发展的。他们通过与身边的人、周围环境的互动，认识自己的身体和感官，以及它们的各种功能。随着年龄的增长，孩子逐渐形成自己的个性、价值观以及对自己能力的评价等。同时，孩子的自我认知也会受到他人的评价和期望的影响，所以在孩子自我认知的形成过程中，父母要认真观察，积极回应，让孩子形成正确的自我认知和人生观、价值观等。

孩子的认知包括很多方面，首先他们会形成自我形象——了解自己的外貌和身体特征；其次，孩子会逐渐形成自我评价——对自己的能力和特点的认知；此外孩子还会形成兴趣爱好、价值观念等。这些都是他们对自我的认知和理解。同时，孩子的情绪也是属于自我认知的一部分，他们会逐渐了解自己的情绪，并且学会管理和表达情绪。

在孩子发展自我认知的阶段，父母起到很重要的作用。首先，父母在这个过程中，通过积极鼓励，让孩子探索自我和世界；其次，父母还给予孩子适当的自由，让他们有机会做出自己的决策并承担相应的责任。

如果孩子缺乏自我认知，他们的生活或者学习就会没有目标感，每天得过且过，不知道自己要干什么；还会变得没有自信或者过于自信，自卑或盲目自大；也会缺乏主动性，缺少自我管理的能力等。

那么，应该如何有意识地去培养孩子认识自己、了解自己，并且能够接纳或者控制自己的情绪呢？

有一个简单又有效的方法，就是在孩子睡觉前，和孩子聊聊“废话”。这些“废话”可以让孩子了解自己，也可以让父母了解孩子，还可以让父母

知道自己应该怎么做才能促进亲子关系，做到与孩子有效互动。

这里笔者整理了一些具体的话题以供参考。如果想省事，现在市面上有“睡前聊聊卡”之类的抽签亲子互动玩具，也是一个不错的选择。

关于自我认知，自我认同的话题：

“你觉得自己最擅长做什么呢？”

“你觉得在你们班级同学的眼中，你是什么样子的？优秀的、勤快的，还是小懒蛋？或者比较搞怪的？”

“如果你想要给自己重新取一个名字，你想取什么呢？”

“如果你想要改变自己，你最想要改变哪个地方？”

“如果让你用三个词来形容自己，你会用哪三个？”

“你觉得自己在什么方面或者有什么优点比别人更厉害？”

“如果让你在学校做老师，你想要教什么课？”

“你最大的优点和最大的缺点分别是什么？”

“你觉得自己在哪方面有天赋？”

“你以后想要成为什么样的人？”

可以让父母更了解孩子的话题：

“你现在最害怕的是什么？”

“让你记忆最深刻的事情是什么？”

“你喜欢跟谁一起玩？为什么？”

“如果下次爸爸或者妈妈带你去超市买东西，让你自己选的话，你最想买什么？”

“你的老师和同学，你最喜欢谁呢？”

“你最近读过的书中，你最喜欢的是哪一本？或者是哪个故事？”

“你平常课间休息时，最喜欢做的事情是什么？”

“如果我们一起出去玩，你想要去哪里？”

“最近最让你感到开心的事是什么？”

可以促进亲子关系的话题：

“如果让你用三个词来形容爸爸/妈妈，你要用哪三个词？”

“爸爸妈妈最近对你的生活学习的安排，你有没有觉得有不合理的地方？”

“你觉得爸爸妈妈什么时候很讨厌，什么时候又特别好？”

“如果让你做一天爸爸妈妈，你最想为孩子做什么事情？”

“如果你不开心了，希望爸爸妈妈怎么安慰你？”

“如果爸爸妈妈不开心，你会怎么安慰我们？”

“你觉得爸爸妈妈有什么缺点，要怎么改进才好？”

“你最喜欢爸爸妈妈为你做什么事情？”

“你做作业的时候，想让谁陪着，还是更想一个人独自做？”

“你最想对妈妈或者爸爸说的一句话是什么？”

与孩子聊一聊这一天过得怎么样

上学之后，孩子每天待的时间最长的地方就是学校了，虽然孩子在学校里发生的事情，父母大多无法参与，但是孩子放学之后，父母可以跟孩子聊一聊孩子在学校发生的事情。

还是上文的问题——如果父母想要跟孩子聊一聊学校里发生的事，但是孩子却不配合，不想跟父母聊，怎么办？

父母可以先从自身展开话题。比如想让孩子聊一下自己一天的见闻，父母可以先从自己一天的见闻聊起，说一说自己今天遇到了什么人，这个人是好久不见的朋友或者同事，大家见面时是开心激动，还是因为许久不见而有些尴尬没有话聊……一边说，一边观察孩子是不是对这一话题感兴趣，如果孩子感兴趣，就可以再深入地聊下去，聊聊自己的交友经验，或者社交时需要注意的事情等，无形中就让孩子学到了社交知识。当然，父母聊自己的事情，除了让孩子更了解父母的生活日常，最主要的还是为了引出话题，让孩子聊一下自己。比如父母聊到自己有一个关系特别好的同事，就可以问孩子："宝贝，你在学校是不是也有很多好朋友？你最喜欢你们班里的哪个同学/老师啊？"

如果发现孩子对聊周围的人或事不感兴趣，或者孩子对自己的同学、老师不想说太多，父母也不要着急，孩子今天不想聊周围的人，那也许明天就想聊了呢？我们与孩子聊天并不是为了完全掌握孩子的情况，而是关心他、了解他的生活、想法。如果孩子不想聊人际交往，就果断换个话题，尽量不要冷场。

转换话题不要太生硬，也不能随便找个话题就聊，万一踩到孩子雷点，那之前营造的良好的交流氛围就被破坏了。父母可以观察孩子是不是心情不好，如果聊什么孩子都兴趣缺乏，那不妨向孩子“诉诉苦”。

之前我看到一部电影里有这么一个情节——儿子这天遇到了好多不开心的事情，跟唯一的好朋友也吵架了，父亲观察到儿子情绪低落，但是看着他并不想跟自己聊，于是开始“卖惨倾诉”。父亲先跟孩子说自己除了他就没有人可以聊天了，自己又很想倾诉，所以请求他听听自己的牢骚。儿子刚开始虽然不情不愿，但还是因为父亲的“可怜”样子，没忍心拒绝。然后这位父亲就开始了一番很夸张的诉苦表演，把自己一天里遇到的倒霉事情夸大其词说了一通。儿子听到自己父亲这一天的悲惨遭遇，立刻就觉得自己遇到的都不算什么事了，还安慰起了父亲。在儿子安慰父亲的过程中，他也想明白是自己钻了牛角尖，遇到的那些小挫折根本就不算什么，跟好朋友之间的争吵也完全没有必要，相比于对一件小事的不同意见，还是友情更重要。

这位父亲运用了一个很常见的心理效应——相对化心理效应。

在人们遭受困境和挫折的时候，往往会拿自己的处境与周围的人作比较。如果发现周围的人的处境更悲惨，那么自己就会产生一种“幸运者”的心理，觉得自己的处境并没有那么糟糕。这种相对化的比较，可以带来一定程度的心理安慰。相对化心理效应在心理学中应用广泛，例如在心理治疗中，心理治疗师就可以通过帮助患者比较自己和周围人的处境，帮助患者心理适应和自我调节。

孩子不开心，父母完全可以借鉴电影里这位父亲的操作，跟孩子吐吐苦水、卖卖惨。当然，父母在卖惨、吐苦水的时候，一定要注意分寸，不要让孩子产生“父母都撑不下去了，我怎么办”的想法，因为这样一来，所有的压力都给到了孩子，孩子不仅没有得到安慰，还会更有心理压力。所以父母所诉的“苦”一定得是一些不痛不痒的、可以解决的小事，但是父母可以“表演”得夸张一点儿，让孩子觉得父母只是一时没想开，并没有什么大事。孩子没有压力，就会安慰“可怜”的父母，这样父母就可以顺势问问孩子：“宝贝，我看你今天也不怎么高兴，是不是也遇到了什么不开心的事情啊？”这样一来，孩子可以感觉到父母对自己的关心，很可能选择向父母倾诉自己的苦恼。这样做还有一个好处——父母与孩子分享自己的事情，还寻求孩子的意见，让孩子感觉自己受尊重、能“拿主意”，有益于发展孩子的自尊心以及解决问题的能力等。

当孩子开始倾诉之后，父母不要急着替孩子解决问题，不要直接告诉

他解决方法或者答案，要记住自己最主要的任务是引导，在孩子向自己寻求意见或者建议的时候，引导孩子往正确的思路上想。如果孩子实在想不到解决办法，或者确实很想让父母帮忙，父母才可以跟孩子一起讨论这件事的根本问题是什么，孩子想要达到的目的是什么，为了这个目的要怎么行动，等等。这样既可以训练孩子深度思考，养成解决问题的系统观，又可以提升孩子解决问题的能力，减少孩子对父母的依赖。

当然，除了上面说的情况，还有一种情况——孩子很乐意跟父母聊一聊学校的生活，在这种情况下，父母应该注意什么呢？

之前听一个朋友开玩笑说，和父母分享快乐，快乐就会消失；向父母倾诉烦恼，烦恼就会加倍。这虽然是玩笑话，但是这也说出了一部分家庭父母与孩子之间交流的真实情况。

当出现“孩子跟父母分享快乐，快乐就会消失”这种情况，可能因为父母对孩子的过分期待，只要孩子达到父母设定的标准，快不快乐似乎并不重要了，孩子过于开心就会受到父母的打击，就会被“泼冷水”，因为父母觉得孩子取得一点儿小成绩就那么高兴，会变得骄傲自满。于是孩子为了不让快乐消失，就开始隐藏自己的真实情绪，不敢真正表达内心的愉悦。事实上，不少父母奉行一种权威主义的教育方式，以打压为手段，试图控制孩子，所以对于孩子的批评和打击从来不怕多，夸奖和赞扬反倒很少。

然而鼓励和赞扬是激励孩子的有效方式，所以当孩子真正获得好成绩时，该夸就真诚地夸，肯定孩子的努力，让孩子对自己有信心，对以后的目标有动力。反之，过分的打压和不断的否定，只会让孩子自卑，质疑自己的价值和能力，从而影响他们的成长和发展。

而“向父母倾诉烦恼，烦恼就会加倍”，这又是为什么呢？这是因为父母过于关注孩子的缺点和问题，从而忽视了他们的感情需求。父母有可能是想通过强调孩子的不足来鼓励孩子更加努力，然而面对烦恼，孩子需要的是感情上的安慰，甚至有时候只是一个安慰的拥抱，而不是父母对自己的“指指点点”。所以父母的这种过度关注和过多批评往往会让孩子感到沮丧和无助，进而加剧孩子的烦恼。所以当孩子向父母倾诉时，不要用“经验主义”去指导孩子，要想一想孩子真正想要的是什么，是一句暖心的安慰，还是一个温暖的拥抱。

黄磊曾说，最可怕的不是孩子在外面做了什么，而是你不知道他在外面做了什么。他做什么不重要，他会不会告诉你，最重要。父母用信任和理解赢得了孩子的心，孩子才愿意把遇到的事情都告诉父母，所以不要辜负了孩子的信任。所有的父母都是从孩子过来的，在孩子分享自己的日常时，父母要做的就是换位思考。在孩子分享快乐时，就跟他一起尽情地享受喜悦与快乐，在孩子烦恼时，就倾听或者安静陪伴，喜他所喜，忧他所忧，与他共情，这就够了。

与孩子聊一聊兴趣爱好

兴趣爱好是孩子日常生活的一部分，也是他们乐于谈论的话题之一。父母从孩子的兴趣爱好入手，了解孩子的喜好及其原因，可以很好地了解孩子的个性特点，找到更多话题，从而拉近亲子关系。

在日常生活中，父母可以观察孩子对什么感兴趣，也可以直接与孩子沟通，询问他对什么感兴趣，鼓励他们谈论自己的爱好。有条件的话，可以为孩子提供多样化的选择，培养不同的兴趣爱好。让孩子在体育运动、音乐、艺术、手工艺、舞蹈、科学等各种领域探索，找到他们真正的热爱。

很多兴趣爱好都需要大量金钱支持，比如一架普通的钢琴就已价值不菲，再加上钢琴课，这对于普通家庭来说是一笔很大的支出。如果孩子三分钟热度，弹个两三天就没兴趣了，父母肯定会心疼，也许就会把怒气发泄到孩子身上，责怪孩子“吵着要学的是你，买了又不学的也是你”。孩子的兴趣爱好会随着成长和认知不断变化，所以我们要允许孩子“三分钟热度”，不要打击孩子的积极性，所以对于这种投入比较大的兴趣爱好，一定要与孩子沟通之后，再慎重考虑是否继续。

孩子的兴趣爱好需要不断地培养和发掘，我们不能奢望孩子在一夜之间就能精通某个领域，因此要给予足够的时间和耐心，同时也要给予孩子足够的信任，让他们在自己感兴趣的领域中自由探索和发展。

网上一位妈妈晒出自己孩子的收藏品——各种各样的海螺摆满了整个房间，每一个海螺旁边都详细地标注着名称和各项有关数据，堪比一个小型的海洋生物展馆，让看到的人无不赞叹佩服。这位妈妈说，她的孩子从小学开始对海螺感兴趣，后来收集了各种海螺标本，并努力学习与海螺有关的知识。现在孩子已经读大学了，这一房间的标本是他这十几年里断断续续收集到的。从这位妈妈分享出来的照片可以看到一个孩子对于海螺的喜爱和用心，对于自己的兴趣爱好的坚持与努力，也可以看到父母对孩子的爱好的支持与包容。

不论这个孩子以后会不会从事与自己的兴趣爱好相关的工作，也不论他在自己喜爱的领域做出了什么成绩，能够长久地坚持做一件有益的事情本身就已经让他得到了最宝贵的收获——毅力与耐心。除此之外，长期坚持做一件事情，还能够提升孩子的自我约束和自我管理能力，使孩子在以后的生活、工作中，在执行某项任务或做某件事情时，能够遵循规律、遵守纪律，保持专注力和耐心，从而更从容地应对生活中的各种挑战和压力。

如果孩子的兴趣爱好恰好也是父母了解、擅长的，聊天时父母就可以分享自己的经验和想法；如果是父母不熟悉、不了解的，那么就可以让孩子做个“小老师”，给父母科普或者分享一番。这个过程中，最需要的就是父母的耐心与专注。

注意力是当今世界极为短缺的资源，我们总说孩子专注力不够，其实成人的专注力更加糟糕。想象一下，孩子在分享自己的兴趣爱好，父母却抱着手机一边玩，一边听，时不时地敷衍一句，这怎么不会让孩子感到沮丧呢？孩子也许就此失去分享的积极性，甚至对自己的兴趣爱好产生怀疑，继而丧失继续探索的动力。

所以在与孩子聊天的时候，父母应放下手机，专心致志地与孩子交谈，让孩子感受到你的认真，明白你即使不了解，也要用实际行动表示出对他的兴趣爱好的尊重和支持。

与孩子聊一聊人生和未来的规划

“人生”这个词似乎太过庞大和沉重，但其实人生就是由每一天的生活，每一次的喜怒哀乐，每一次的成长与挫折组合而成的。也许跟孩子聊人生，这个主题太过宽泛、遥远和陌生，但是如果换一种孩子能理解、能明白的方式来聊呢？

之前我们提到过，在孩子睡觉前，我们可以跟孩子聊一些“废话”，除了笔者前面罗列出的那些主题，关于未来规划的话题，也是不错的选择。

“如果能变成大人，你最想做什么？”

“你长大之后想要做什么样的人？或者想要从事什么职业？”

“你觉得你适合被人管还是适合管别人？”

“如果你想要管别人，那么你要先做什么才能达成这个目标？”

……

如果你问一个成年人什么是人生的意义，他也可能会很茫然，更何况孩子，这是个很深奥的问题，可能需要一生的时间去思考、去体验。但是我们可以教孩子从日常生活中去寻找答案——每一次微笑，每一次伤心落泪，每一次帮助，每一次分享……这些都是我们人生的一部分，也是未来的组成部分。

“如果我是大人，我会做……”这是很多人上学时都写过的命题作文，也是很多人在孩提时代，躺在草地上望着蓝天白云或者星空，与小伙伴闲聊的话题之一，它也是我们对未来的规划和憧憬，也是我们人生的一部分。也许就从这么一个假设开始，我们定下了自己未来的目标，并且从此开始为之努力，向它一步一步靠近。

也许在靠近这个目标的路上，我们会偏离方向，朝着另一个新设立的目标继续前进；也许会在半路上因为沉迷路边的美丽风景，从此停留……这些都是可以的，因为人生没有固定的模板，也没有标准的答案，每个人的人生都是独一无二的。

我们可以告诉孩子，你的人生就是你自己的路，你可以按照自己的想法去生活，去追求你想要的东西，父母永远是你最坚实的后盾，无论未来你成为什么样的人，无论你的人生会走向何方，只要你健康、快乐、幸福，父母都会永远支持你，鼓励你。

第三章

如何与孩子聊学习的意义

与孩子聊一聊学习的意义

“你觉得小朋友为什么要上学？”我问一年级的女儿，她说她不知道。我问十三岁的侄子，他说是为了考大学，以后找个好工作。他的语气里带着些不确定，可以看出来，对于这个答案，他心中还有些疑惑。

说到学习的意义，很多人都会想到某位作家给儿子的那段话：“孩子，我要求你读书用功，不是因为要你跟别人比成绩，而是我希望你将来拥有选择的权利，选择有意义、有价值的工作，而不是被迫谋生。”

这段话也道出了天下大部分父母的心声，谁都希望自己的孩子长大之后不但可以从事喜欢的职业，还能享受生活，而不是用尽所有的时间和力气来谋求温饱，没有时间享受家庭的温暖，没有时间和条件领略自然美景、人文盛世。

如果跟一个才上一年级的孩子说这么一段，他大概不能理解，那么我们可以告诉他，不学习的人就像“井底之蛙”，永远只能看到井上面的那一片天；如果我们认真学习，我们就能够知道《十万个为什么》里面所有问题的答案；我们还可以通过学习了解祖国的大好河山，看见现实生活中看不到的万事万物，领略无限美好的风景。

我们也可以说，就像建房子，不论是建高楼大厦，还是建瓦屋平房，都需要先夯实基础，正所谓“万丈高楼平地起，一砖一瓦皆根基”。小朋友

们上学就是为了打基础，为以后的工作和更深入的学习做准备。

如果孩子稍大一点儿，那么我们就可以更深入地跟他聊一聊。

学习对于孩子的意义是多方面的。首先，学习可以帮助孩子获得知识和技能，为未来的生活、工作和成长做好准备。其次，学习还可以帮助孩子树立正确的价值观和人生观。通过学习历史、文化、道德等方面的知识，孩子可以更好地了解自己的国家和民族，也可以了解世界各国的风土人情、人文地理，还可以了解人类的文明和进步历程，从而树立正确的价值观和人生观。学习既是获取知识的过程，也是自我发现的过程，同时还是探索兴趣、能力和潜力的过程。学习使我们更全面地了解自己，发现自己的优点和不足，从而帮助我们成为更好的自己。

最后，学习还是一种社交的过程。在学习的过程中，我们与他人分享知识和经验，还能够建立联系，增进友谊，与他人共同成长、共同进步。同时，学习还可以帮助我们培养自信和自尊心。在学习中取得进步和成就，通过周围老师和同学的正向反馈，我们会产生成就感，从而增强自信心和自尊心。学习是一种乐趣、一种享受，我们在探索中寻找答案，在学习中发现自我、理解世界。

让孩子明白学习是自己的事

很多孩子觉得自己是为了别人学习，是被迫学习的，但事实真是如此吗？

对于有这种思想的孩子，父母需要注意两件事。一是反思自己对孩子学习的重视是否超过了对孩子自身的关心；每天跟孩子交流的时候，是否大部分时间都在聊他的学习而忽视了他的感受。二是适时引导孩子，让孩子对于学习形成正确的认识。

有的父母会说，我们虽然知道学习是件很重要的事情，但是对于原因，也说不出个一二，那么我们可以从以下这几个方面来跟孩子聊一聊。

1．学习是对我们自身的投资

俗话说“艺多不压身”“学好数理化走遍天下都不怕”，我们学到的所有知识，都会丰富我们自己的人生，是一份别人抢不走也偷不走的财富。

举大家都耳熟能详的名人作为例子。乔布斯，他是苹果公司的创始人之一，被誉为科技领域的翘楚。乔布斯在科技领域的成就世人皆知，他领导下的苹果公司推出了许多改变世界的创新产品，如 Macintosh、iPod、iPhone 和 iPad 等。这些产品不但极大地改变了人们的生活方式，也推动了

整个科技行业的发展。然而，乔布斯的成功并非偶然，他的深厚文化底蕴和多元化的兴趣为他的商业领导力注入了独特的魅力。

作为一位演说家，乔布斯的演讲富有激情，充满创意，具有极强的说服力和感染力，让人陶醉。他善于用简单明了的语言阐述复杂的概念，使听众易于理解。乔布斯经常在演讲中分享他的心得体会，激励人们去追求梦想，勇敢地面对挑战。他的演讲不仅传递了科技理念，更传达了人生哲学。

在音乐方面，乔布斯同样具有独特的品位。他热衷于追求高品质的音乐体验。他对音乐的热爱，使得苹果公司在数字音乐领域取得了举世瞩目的成就，研发了诸如 iPod 和 Apple Music 等与音乐相关的产品，改变了人们聆听音乐的方式。

总的来说，乔布斯的多元化兴趣和才华使他成为一位伟大的商业领袖。他不仅关注科技领域的创新，还注重产品的设计美学、用户体验以及企业文化的建设。他的人生哲学和领导力理念，为苹果公司乃至整个科技行业树立了典范。乔布斯的一生，是对创新、激情和执着追求的最好诠释。

历史上和现实中还有很多类似的例子，他们的成功都充分展示了多才多艺的重要性和优势。掌握多种技能和才艺，可以增强我们自身的竞争力，让我们更好地实现自我价值，并为社会做出更大的贡献。

在当前的社会，“艺多不压身”已经成了一种重要的生存法则。在成年人的世界，无论在哪个领域，大家都在不断地学习、提高自己的技能，以应对竞争日益激烈的社会环境。因为社会在不断发展，所以不学习、不进步，就意味着退步和被淘汰。

古人学习需要囊萤映雪、凿壁偷光，开国初期的孩子只能在露天学堂学习，但是无论条件多么艰苦，先辈们都没有放弃学习，而现在的孩子有着良好的学习环境，如果再不珍惜机会认真学习，岂不是辜负了先辈与父母的努力？

学习是为了能够帮助更多的人，同时也是为了让自己成为更好的自己。

2. 将来的职业

如果跟孩子聊自己未来想要从事什么职业，很多孩子都会告诉你，他想成为老师、警察、医生或者科学家。这时我们不妨告诉孩子——如果你想成为一名辛勤的园丁，那么你就要为祖国的教育事业贡献一份力量，为孩子在成长之路上亮起一盏指路的明灯；如果你想成为一名警察，那么你就要守护百姓帮助他人维护自己的权益，让社会更加和谐；如果你想成为一名医生，那么你可以治病救人，帮助他人解除病痛，重获健康。

想要从事这些职业，首先就必须努力学习，因为只有学习，才可能让我们步入社会以后有机会选择自己喜欢的工作，成长为自己期望中的样子，实现理想的人生，才能够帮助更多的人。

或许有的孩子会说，我长得好看，我自身条件好，我可以不努力，可以去做大明星，做主播或者当“网红”，但明星也不是那么容易当的。我们往往只能看到明星们光鲜亮丽的外表，却看不到他们在各个影视基地奔波、挣扎，只为了一个出头的机会的狼狈。那么多的练习生，为了成功出道远赴国外，每天做着大量枯燥而辛苦的练习，有的即使表现优异，最后还是无法成功出道。主播、“网红”或许看起来没有什么门槛，但没有内涵的主播、“网红”，大部分都只是昙花一现，那些真正常红不衰的则或者有文化、有内涵，或者有特殊的个人魅力。而要成为一个有文化有内涵，或者富有个人魅力的人，归根结底，还是需要不断地去学习、完善自己。

与孩子聊一聊他的理想

毕淑敏曾说："人生没有意义，但你要为之确立一个意义。"这个意义对于孩子来说，就可以是自己的理想。

每个孩子都有一颗梦想的种子，它可能来自一本书、一部电影、一段音乐，或者一个普通的午后，甚至一弯雨后天空上的彩虹。它在孩子的心中悄悄生根，成为他们宝贵的东西。作为父母，我们该如何去理解和呵护这颗梦想的种子呢?

每一个孩子都有自己的兴趣和爱好，作为父母，一定要对自己的孩子有一个清醒的认知和评估，然后根据孩子的优点，有意识地加以强化，引导孩子形成一个美好的梦想。梦想是一种力量、是一种期望、是一种坚守，更是一种信念。不断了解某一件自己喜欢的事物，让它逐渐成为热爱，进而希望未来能通过它成就自己，那么梦想就变成了理想。

有一次，我在家里招待女儿的幼儿园小伙伴，问他们长大了想要做什么。孩子的回答天真烂漫，充满童趣。记得有一个孩子说自己要做一只小蝌蚪，因为蝌蚪每天都只需要在水里游哇游，多么自由自在啊！我女儿当时说自己的理想是做一只猫咪，因为小猫咪天天都在睡觉晒太阳，也不需要上学和早起，多舒服啊！

现在，女儿告别了幼儿园，成为一名小学生，再问她的理想，已经变成“像我们班主任一样的老师”或者“像妈妈一样在家天天写作、画画的自由工作者”“像 ××× 一样的大明星”……

孩子在幼儿园阶段，想法简单又充满童真，成为各种小动物、小昆虫并不是理想，而是梦想。梦想接近幻想、妄想，理想则是对未来事物的有根据的、合理的想象或希望，这也就是梦想与理想的最大区别。随着孩子渐渐长大，那些天马行空的梦想变成了贴近生活的理想，这是孩子人生观、世界观进一步完善的体现。

记得有次坐地铁，一位妈妈带着一个小学五六年级的男孩子坐在我对面，两人聊天聊到了老师布置的作文上，作文的题目是“我的理想”。孩子妈妈问孩子：“你长大之后的理想是什么？”孩子回答：“我要做一个环卫工，因为环卫工每天扫扫街道就可以下班了，也不要求学习好，也不需要到处跑。”孩子妈妈生气地说：“你想得太简单了，你作文可不能这样写。”还说：“你小时候不还说要成为一名科学家吗？环卫工人当然也是伟大的职业，但作文上一定要写自己的理想是医生、科学家或者是像马云一样成功的商人之类的，不然老师肯定给你打个低分。”

从母子俩的对话我们可以推测出，孩子以前的理想是做科学家，现在的理想是做一名环卫工。可见孩子的理想是随着成长，随着环境不停变换的。如果父母不帮助孩子进行足够的探索，那么他们的理想就只会局限在眼前所见的“一亩三分地”里。像地铁上那个小男孩，他因为看到环卫工工作轻松，就把做环卫工当成自己的理想，但他不知道环卫工不论数九寒天还是盛夏酷暑，都要起早贪黑，吸着汽车尾气、灰尘，在马路上清扫是多么辛苦。孩子的妈妈自然明白环卫工的不容易，所以才会觉得孩子“想得太简单”。

阅历与格局局限着人的认知，作为阅历更丰富、格局更开阔的成年人，父母要正确地引导孩子，让孩子多见多闻，对各个领域或多或少有些了解，这样才能确定自己是不是对其感兴趣，是不是要将其设为人生目标，为其努力奋斗。

当然，父母在帮助孩子做规划的时候，要记得，规划的起点是孩子自己。如果父母不管孩子喜不喜欢，感不感兴趣，就让孩子顺着自己规划好的路径去走，孩子既没有努力的动力，又觉得自己被操控，对于父母所说的光明坦途感到茫然，这样就背离了培养孩子梦想的初衷。

父母在与孩子聊未来规划的时候，一定不要摆出父母的威严，这只会阻碍交流；也不要只讲一堆大道理，因为大道理虽然听起来慷慨激昂，却难以关联孩子的实际经验，难免让孩子觉得空洞、无聊，导致父母说得兴致昂扬，孩子却兴趣缺乏，也许下一刻扭头就走了，就算能忍着听下去，也仅仅是不愿让父母伤心。

相对于空泛道理，实际的事例更有说服力。

比如可以拿孩子崇拜的偶像，或者亲戚好友里的成功人士来举例，为孩子树立榜样。在榜样身上，孩子能更直观地了解到什么是成功，也能更明确地制定目标。这样孩子才更有动力与父母一起努力朝目标前进，梦想的种子也会随之萌芽。

与孩子聊一聊未来的社会

社会发展日新月异。笔者的父母经常感叹，以前春晚小品里说“楼上楼下，电灯电话”，当时还觉得是个遥远的梦，没想到国家发展得这么快，别说什么“楼上楼下”，连人都跑到外太空去了。

回望往昔，国家确实在飞速发展，那么未来又将如何呢？未来是属于孩子们的，父母不妨跟孩子一起畅想一下未来。

如果父母不知道从何聊起，那么可以参考以下几个方面。

AI元宇宙

AI是什么？AI即人工智能（Artificial Intelligence），是一门研究如何让机器模拟人类智能的学科，涉及构建可以感知、推理、学习和决策的智能系统，模拟人类的思维，以解决复杂问题和高难度任务。

AI技术包括机器学习、自然语言处理、计算机视觉、专家系统等，目前已经广泛应用于各个领域，如医疗、金融、交通、娱乐等，比如现在兴起的AI主播、AI模特、AI客服，影视剧里的AI“换脸”技术，智能识别技术，以及智能监控、智能音箱、智能家居产品等。

现在AI已经进入人们的生活，未来则会成为人类工作生活不可或缺的一部分。不过这也使很多人担心焦虑，网上类似“AI 疯了，三亿人的饭碗保不住了”“AI 会不会替代人类”“以后工作是不是都要被 AI 抢走了”的信息铺天盖地。

而“AI 元宇宙”是指在现实世界和虚拟世界交叉结合的地方存在着一个“元宇宙”，它是一个与现实世界平行的虚拟世界。人们可以在“元宇宙”中以虚拟化身和数字形象表达自我。“元宇宙”与很多科幻电影和科幻小说里描述的场景类似，比如电影《头号玩家》里的游戏世界绿洲等。

目前“元宇宙”才刚刚起步，未来很可能以游戏为起点，深入整合数字化娱乐、社交网络，甚至社会经济和商业活动，最终发展成为互联网的替代品。到那时，很多影视、文学作品中提到的“数字永生”或将成为现实。

不管 AI 是带来了便利还是制造了焦虑，都值得父母和孩子一起了解、讨论。

太空时代

宇宙产业正在成为多国的角逐场，领先的 IT 企业纷纷投身并不断扩大版图。宇宙探索也变成了新兴的产业。科幻电影《月球》里，男主角负责开采只存在于月球表面的资源，然后送回地球，然而因为通信卫星故障，致使他在月球上独自生活了三年。科幻电影《阿凡达》的背景也是宇宙矿物时代，讲述了开采矿物的人类和“潘多拉”行星原住民之间的矛盾和故事。据说影片拍摄完，导演卡梅隆就投资了一家宇宙矿物公司。现在各个国家都在努力探索宇宙，其中一个重要原因就是从太空中获得资源。当然，因为技术和资金的各种限制，人类想要真正进入宇宙矿物时代还是前路漫漫，但这不妨碍我们与孩子一起闲聊畅想。对于宇宙的畅想，不仅可以开阔孩子的眼界，让他们将目光投射到远方的星辰大海，还可以激发孩子对相关知识的兴趣和学习的动力。也许聊得多了，孩子兴趣浓厚了，未来的目标就是宇宙飞船的船长了呢。

与机器人共处

随着人工智能和机器人技术的快速发展，我们已经进入了机器人时代。以前，机器人还只是科幻电影和文学作品中的虚构角色，但近几年，从简单的家用机器人，到具有复杂功能的工业机器人，机器人已经进入我们的现实生活。

提到机器人，很多人都会想到美剧《真实的人类》或者《西部世界》中以假乱真，看起来跟真人简直没有区别的机器人，但是目前的机器人大多还是机器的样子，它们的外表多是根据职能而设计。比如已经广泛应用的儿童陪伴机器人，不仅可以讲故事、陪孩子玩耍，还可以帮助孩子学习。它们大多有着可爱的外表，不是圆滚滚的，就是各种小动物的外形。还有

为医疗领域带来重大变革的各类医疗机器人，它们可进行比人工更精细的手术操作，从而减少手术风险，提高手术成功率，它们的外形大多是简单、易操作的机械臂，前端则是各种精密的零部件。

通过机器人在日常生活中的应用，我们可以享受到更加便捷和高效的服务。未来，机器人一定可以成为我们忠实的伴侣，可以陪伴孤独的老年人，还可以参与儿童的教育和娱乐。我们可以和孩子一起聊一聊未来——如果家务都可以交给机器人了，那爸爸妈妈是不是就有更多的时间陪伴孩子了？如果你能够拥有一个机器人，那么你想要一个什么样的？如果让你自己设计一个机器人，那么你会设计成什么样子、有什么功能的机器人……

任何事都是双面的，机器人除了能为人类服务，也带来了一些负面影响。比如机器取代人类工作，造成一定的就业压力；此外机器人也有可能引发一些道德和伦理的问题等。这些都是可以和孩子一起讨论的话题。

除此之外，还可以跟孩子聊一聊“衰老的终结”“气候危机”等未来社会的热点话题。

第四章

如何与孩子聊学习中遇到的困难

与孩子聊一聊学习中遇到的困难

每天孩子放学后，我都会接上她一起步行回家。这一小段路程，是我跟孩子聊天的时光。孩子提到有的同学没有完成周末作业，结果今天上课就被批评了。我便问她有没有挨批评，她说当然没有，因为她周末作业都及时做完了，但是上周她被罚站了，因为上课开小差。我之前没听她提过这件事，于是详细问了下。原来是上数学课的时候，老师在讲课，她在下面玩橡皮，数学老师对学生要求严格，于是让她罚站一节课。

孩子上课注意力不集中，是让老师和父母都头疼的一件事。很多孩子平时玩电子产品的时候注意力很集中，一看书、写作业就坐不住了，好像屁股下有只刺猬似的。其实就是静不下心，无法集中注意力。

事实上，专注力跟孩子的身体发育也有关系。不同年龄的孩子，脑神经的成熟度不同，注意力集中的时间也就不同。孩子也不像大人一样，有自控能力和明确目标，他们也没有足够的自制力和注意力让自己长时间干某一件事，所以孩子偶尔上课走神，完全属于正常现象，父母不必太过担心。

儿童注意力不集中除了我们上述的生理原因外，还有心理原因和教育原因。心理原因一般是孩子希望得到关注，或者逃避父母或者其他长辈给予的过重的负担。心理压力、不良情绪、心理疾病等，都会影响孩子的专注力。

有的孩子受到的关注不多，于是千方百计地想要表现自己，比如发出怪声，做古古怪怪的动作，引起大家的注意，从而获得自豪感和满足感。还有的孩子学习比较吃力，上课的时候，老师讲得比较枯燥，孩子听不懂，于是更加不想听课，久而久之，就形成了注意力分散的习惯。

教育原因一般是孩子在学前或者课外学习了太多相关知识，或者孩子学习能力比较强，已经掌握了课堂上的东西，完全不用听课，于是就将注意力放到了其他的地方。

另外还有两个常常被父母忽视的环境原因，一个是孩子的专注时常被破坏，一个是家庭缺乏次序感。比如孩子在做作业，家里其他人却在大声聊天，或者做其他动静比较大的事情，吸引了孩子的注意力，导致孩子无法专心做作业。时间久了，孩子养成了习惯，自然无法集中注意力。

有的家庭，房屋布局或者物品摆放总是乱七八糟的，缺乏次序感，让孩子不知道哪些是主要物品，哪些是次要物品，在这样环境中生活的孩子也很难形成专注力。比如明明是书桌，上面却放着玩具和零食，或者堆着很多日用品，孩子在这样的书桌前做作业，肯定心猿意马，一会儿想摸摸玩具，一会儿想吃点儿零食，根本静不下心来学习。

那么我们应该怎么跟孩子聊聊上课走神的问题呢？

首先，不要过分批评孩子。其次，给予孩子具体的建议或者解决方法，不要只讲一堆大道理。如果孩子在学校已经因为注意力不集中受到老师处罚了，也已经认识到了自己的错误，这时父母再批评，那么孩子会更沮丧。如果父母在孩子情绪低落的时候再讲一堆大道理，孩子肯定不愿意听，我们可以如下面这样和孩子进行沟通。

“亲爱的宝贝，我注意到你做作业的时候注意力有些不集中，我知道你肯定也为此感到困扰，所以想跟你聊聊这件事情。

“遇到困难并不意味着你不好，正相反，这说明你正在成长。每个人都会遇到困难，我小时候也遇到了跟你一样的困难，但是我找到了解决方法，你也一定可以找到属于你自己的方法。那么现在你想要听听我当时是怎么解决的吗？

“你是个很聪明的小家伙。我知道你有时候觉得上课很无聊，但是你知道吗，这些知识会让你变得更聪明，更有能力。那么让我们来想想办法，怎样才能让上课变得更有趣。

“我上学的时候，老师教过一个让上课变得有趣的方法，就是上课之前先预习一下新课程，然后把自己感兴趣和不理解的地方都标出来，这样带着问题上课，从老师讲的内容中寻找答案，注意力自然就集中了，老师讲的课也变得有意思起来。因为注意力集中，一堂课不知不觉就‘唰’地过去了。

“还有个办法，每天坚持看两小时书，养成习惯之后，记忆力和专注力都会提高。这个方法不仅让我养成了坚持阅读的好习惯，还让我在之后的学习和生活中都受益良多。

“科学家研究发现，当我们专注做一件事情的时候，大脑分泌的多巴胺和血清素就会增多。这些激素都跟学习和记忆有关，而运动也可以让大脑分泌这些激素，所以一般运动之后，人们的记忆力会更强。想一想，你上完体育课之后，再去上别的课，是不是更容易记住所学的内容？所以背课文时，要是一直背不下来，那不如先去运动运动，运动完再背，说不定一下就记住了。

“另外，当你感觉到自己的注意力开始分散时，可以试着深呼吸或者做简单的冥想来帮助自己集中注意力。

“我知道这些方法可能听起来有些难，但是我相信你一定可以做到。如果你有任何问题，或者需要我帮助、配合的地方，随时都可以告诉我，我们可以一起来找到适合你的方法。”

类似的沟通不仅可以让孩子感受到被理解和支持，还可以引导孩子养成积极解决问题的习惯。同时，我们也可以在这个过程中了解到孩子的需求和困惑，从而更好地帮助他们成长。

与孩子聊一聊学习上的压力

放假回老家的时候，我遇到了以前的邻居，他们家有个读高中的小姑娘，学习成绩特别好，总是排在年级前十名。每次我跟邻居聊天，必然会聊到他们家这个小姑娘。以前聊到这个话题，邻居都是满脸笑容，面对我对他们家孩子的夸赞，一脸藏不住的骄傲。可这次聊到孩子，邻居却有些愁眉不展。原来邻居为孩子的事情苦恼挺久了。

经过一番详谈，了解到邻居家孩子因为换了个班主任都要抑郁了，主要是孩子不喜欢新来的班主任。因为新来的班主任不了解班里孩子的情况，在学习进度和方法上瞎指导，还有语言打压、人身攻击的嫌疑。班上不少同学都因为这个班主任成绩严重下滑。本来我以为邻居是因为这位班主任发愁，后来又听她说，孩子班上的父母联合向学校反映情况，已经换了一位挺不错的新班主任。现在她愁的是孩子最近压力特别大，每天都吃不好、睡不好，很焦虑，脾气也变得很暴躁，最近甚至吵着说不想上学了。

在我的印象里，邻居家的小姑娘是个很文静的女孩子，平常总是对人微笑，说话也温温和和的，现在变成脾气暴躁的孩子，还真是让人惊讶。

邻居倾诉完，问我有没有好办法，她现在是道理讲了一堆，孩子根本就不听。假期马上要结束了，孩子还闹着不去上学，她都不知道该怎么

办了。

我先安慰了邻居一番，劝她做做自己喜欢的、能放松心情的事情，先把注意力暂时转移一下。

孩子的问题很多都跟情绪有关，现在邻居家的孩子焦虑、暴躁，不想上学，明显是学习压力引起的情绪问题导致的。那么，面对孩子的压力，父母应该怎么应对呢？父母在跟孩子聊天的时候，有没有聊过这方面的话题，都是怎聊的？

其实，父母可以直接问孩子，如“你最近有没有感觉到学习上有压力”“孩子，最近爸爸妈妈有没有做什么或者说什么话，让你觉得有压力”“在学校里，你的同学或者老师会不会让你觉得有压力”等。直接问的好处就是孩子能明确知道父母关注的重点在哪里。

如果孩子回答说没有，那父母就可以直接夸奖孩子是个控制自己情绪的小能手，能够让自己得到放松，还可顺着往下聊聊孩子是怎么放松的，都有些什么秘诀。如果孩子回答说有，那么父母就要明确孩子的压力是从何而来，再从压力的源头来开始解决问题。还有的孩子不愿意跟父母沟通，或者不愿意跟父母聊这一话题，那么判断孩子是否有压力，就要靠父母的"火眼金睛"了。

首先，父母要了解孩子的压力究竟是从哪里来的。

1. 父母的期望

俗话说"望子成龙"，大多数父母对孩子总是抱有较高的期望，希望孩子出人头地，有一番大作为。另一部分父母则觉得自己很开明，嘴上说对孩子没什么过分要求，只要孩子快乐健康地成长就行，但实际上父母的很多做法却背道而驰。还有的父母将自身的焦虑、恐惧投射到孩子身上，给孩子造成了巨大的压力。能够正确看待孩子的能力，不对孩子提出过高的要求，陪伴孩子慢慢成长的父母，相对较少。

父母对孩子的期望就像一把双刃剑，如果一切都高标准、严要求，孩子长期无法满足父母的期待，就会感到挫败和无力，导致自尊降低、自卑，甚至形成回避型人格。如果父母对孩子不抱什么希望，一切都放任自流，又会导致孩子变得漫不经心、缺乏目标和动力，无法充分发挥自己的潜力。父母对孩子的期望需要恰到好处，既要有一定的期待和引导，又要给予适当的自由和空间。

2. 学业负担

现在孩子学业负担重是众所周知的，除了义务教育阶段学习的各门功课外，大部分孩子还要上补习班、培优班、兴趣班等，还要经历各种考试、比赛、汇报表演……孩子的压力能不大吗？

3. 考试压力

对于孩子来说，由于存在升学压力，考试便成了衡量他们学习效果的标尺，也成了无法逃避的难题，在某些情况下，考试分数更成了孩子获得自尊的重要砝码，导致孩子面对考试时，压力巨大。

4. 缺少娱乐

现在的孩子玩耍的时间特别少，大部分的空余时间都被学习挤占。孩子长期处于学习状态，精神高度集中，没有喘息的机会，负面情绪找不到释放的出口。久而久之，孩子心理、情绪都会出问题。

那么孩子压力大，父母要怎么帮助孩子进行疏导呢？

这里要说回上面我家那位邻居。当时邻居问我怎么解决她家孩子的焦虑和厌学，我建议她先把自己的情绪稳定下来。因为她对孩子的担心和焦虑就挂在脸上，我看着都觉得难受。孩子本来压力就很大了，天天面对她的一脸愁容，肯定压力翻倍。孩子有情绪不可怕，可怕的是父母一发现孩子有情绪，自己的情绪立即不稳定了。孩子焦虑不安的时候，父母应尽量稳定情绪，让孩子得到安抚。

等邻居明白父母的情绪对孩子的影响之后，我建议她找机会跟孩子聊一聊。先让孩子把自己的压力说出来，在孩子倾诉完之后，无论心里怎么想，都要向孩子表明自己理解她，明白她所处的环境和所承受的压力，这样孩子才会觉得自己被尊重、被重视。然后我建议邻居尽量不要在孩子认识的人面前讨论孩子的成绩，因为她的“炫娃”行为也会给孩子带来压力。孩子成绩下滑，本来就内疚，对于成绩问题比平时更加敏感，就算父母没有跟别人说过对她失望之类的话，孩子也会怀疑父母在跟人诉说对自己的失望，孩子的心理压力就会更大。

最后我建议邻居如果不知道如何帮孩子解决学习上的问题，就不要乱插手，做好自己的事就行。因为孩子读到高中，已经有了自己的一套学习方法，这个孩子之前成绩一直名列前茅，可见这套学习方法对她很适用，加上现在又换了位不错的老师，那么她的成绩回到之前的水平是早晚的事情。所以现在父母能做的就是相信孩子，做好辅助工作，照顾好孩子的生活起居，该鼓励的时候鼓励。

总结起来，面对孩子的压力，父母可以从以下五点积极进行疏导。

1．不要给孩子制定不切实际的目标

父母如果不顾孩子的实际情况，想让孩子万事争第一，或者只让孩子学习，这也不让干，那也不让做，只会给孩子造成巨大的压力。

2. 要让孩子有足够的休息和娱乐的时间

睡眠不足、休息不好会让孩子身心俱疲，无法集中精力学习，继而感到紧张、焦虑。父母应让孩子在学习之余有自己的小爱好，或者有时间玩耍和运动，让孩子放松心情，释放压力，舒缓紧绷的神经。

3. 积极鼓励孩子

父母的积极鼓励是正向情绪的输出，而父母对孩子的否定则会增加孩子的压力，所以父母要对孩子多些积极鼓励，尤其是孩子在某些事情上失败或者失利的时候，更要给孩子信心，对孩子表示自己的信任。

4．不要对孩子大吼大叫

也许父母吼孩子的本意是为了让孩子管理好自己，但是孩子的心智尚不成熟，容易因为恐惧、焦虑而产生应激反应，从而暂时无法理性思考，“战斗”或者“逃跑”的原始本能被激发。长期压力会让肾上腺不断分泌皮质醇，而高水平的皮质醇会对孩子的生理、心理产生一系列负面影响。所以父母在教育孩子时，一定不要大吼大叫。

5．教孩子思维不要绝对化

父母要引导孩子多维度思考问题，告诉孩子人生不是只有“必须”和“唯一”。如果把所有希望都放在一个点上，一旦失利，就无法承受。所以要引导孩子从绝对化的思维方式中解放出来，让他知道条条大路通罗马，人生永远充满未知与希望，换一种思维方式，换一条路，也一样能够到达目标地。

与孩子聊一聊“拖延症”

“宝贝，该做作业了。”

“我一会儿做。”

“宝贝，又过去十分钟了，该去做作业了！”

“我再看一会儿电视。”

“宝贝，半小时过去了，唉……”

“反正马上就要吃饭了，我吃完饭再做作业吧。不然还没做完就得吃饭了，会打断我思路的！”

“唉，就你理由多！”

……

幼升小之后，我发现孩子做作业总是拖拉。每次催促孩子做作业，她就找各种理由，不是去喝水，就是去卫生间，就好像晚一分钟做作业，自己就占了天大的便宜似的。即使开始做了，速度也跟蜗牛一样，一会儿抠抠手指头，一会儿拿铅笔扎扎橡皮，一会儿玩玩转笔刀，难以集中注意力。

相信很多父母都遇到过类似情况。有的孩子做作业拖拉，有的孩子起床磨蹭，有的孩子晚上不想睡觉。遇到这种情况，要怎么跟孩子聊？

“拖延症”是个终身课题，不只小孩子拖延，大人更是，所以孩子写作业的时候，“拖延症”犯了，不要急躁地吼他们，想想我们自己也经常这样，瞬间就能体谅孩子了。“拖延症”不属于敏感话题，可以直接问孩子是怎么想的。于是我就直接问我女儿，她说她也不知道为什么，就是不想写作业。既然孩子自己也不知道原因，那我就只能自己暗暗观察找原因了。

后来再陪孩子做作业，我发现她遇到汉字写拼音的题目就皱眉，因为在上小学之前她没有学习拼音知识，所以拼音这块就有点儿跟不上。于是，孩子拖拉不做作业的原因就找到了——畏难。

孩子对困难的恐惧分为三个方面。一是恐惧任务太难，自己搞不定；二是恐惧解决困难投入的时间过多，自己没有时间玩了；三是恐惧没有办法做到完美。简单概括，就是遇到困难的、耗费时间的、没有把握的事情，就会犯“拖延症”。

既然知道了症结所在，那么接下来就是怎么解决它了。基本的思路就是把大的、难的任务，变成不容易造成拖延症的小的、简单的任务。

1．先启动，再完成

从简单的、不费脑子的小任务开始启动，让大脑逐渐“热”起来。把大任务拆解成小任务，每完成一个小任务，就会增加一份成就感，就像我们玩闯关小游戏一样。

例如，做作业的时候，先让我女儿从她比较擅长的题型开始，做完之后就给她来一番“彩虹屁”，孩子立马获得满满的成就感。这之后再接着做她不太擅长的题目，她也干劲满满了。

2．先完成，再完美

很多孩子会陷入完美心态，内心的期待值越高，就越容易拖延。重要的是要改变一次就做到完美的心态，先完成再说。

例如，今天老师让做手抄报，女儿很喜欢画画，但是觉得自己画不好，就想让我给她画好线稿，然后她来填色。我就让她试试先用颜色浅的红蓝铅笔在纸上画线稿，画错也没关系，可以不断用橡皮修改，直到画得满意了，再用黑色记号笔勾线，最后再填色。虽然画得还不是太令她满意，但是独立完成手抄报的成就感让她更有动力独立完成作业了。

再例如，做作业的时候，可以像考试一样，规定好时间，让孩子在一定时间内完成所有的题目，不要遇到一题不会就向父母求助。等所有的题目做完之后，再一起进行修改订正。

3．不只看结果，更要看过程

孩子在学习过程中，很容易只关注结果，如“我还有多少任务没有完成”“我还要多久能完成”等，而越关注结果，就越焦虑、拖延。而过程目标则关注投入任务的时长。父母可以使用番茄钟或者沙漏计时，引导孩子不关注还有多少任务没完成，只关注投入了多少时间。

现在，“拖延症”的应对策略也有了，接下来就是具体怎么跟孩子沟通，让孩子配合一块儿解决它了。

在孩子做作业时，之前的“无效唠叨模式”就不要再用了，正确的方法是让孩子养成规划时间的习惯。

“今天老师布置了哪些作业啊？妈妈来跟你一块儿规划一下，看看能不能更快完成。这样等写完之后，我们还能有时间一起去楼下转一转呢。”给孩子提供类似这样的具体的帮助，并且让孩子知道完成作业可以出去玩，比唠叨多少句都有效。接下来，父母就可以用上应对拖延症的策略——化整为零，先易后难，先完成、后完美，跟孩子一起规划今天的作业安排了。

注意事项：

1. 让孩子做好学习或者写作业之前的准备工作，比如上卫生间，喝水等，也不要让孩子在写作业前吃太多东西，以免犯困。

2. 注意学习环境，除了孩子的书籍和作业本，桌上不要放其他东西，以免分散孩子的注意力。

3. 安排好完成作业的顺序，或者细化到每项作业预计完成时间和实际完成时间（此条适合高年级的孩子）。

4. 坚持就是胜利，养成好习惯需要每天坚持。

5. 计划定好就不要随便更改。即使孩子提前完成作业，也不要再额外增加别的事情。

6. 多用正向反馈，及时夸奖赞美孩子。切记夸赞要具体，要言之有物，不可空洞表扬。

7. 不要急躁，允许孩子慢一点儿，多看孩子细微的进步。好习惯的养成和坏习惯的改变，都不能一蹴而就，父母要学会等待孩子进步。

8. 如果从第一步孩子就不配合，可以跟孩子协商好，先带孩子出去玩半小时再回来写作业。可以带孩子去跳绳、骑车、打羽毛球等，运动可以让孩子注意力更集中，学习效率更高。

与孩子聊一聊他们班上的“学霸”

“宝贝，那个赵芳是不是你们班的‘学霸’啊？我看你们老师总是拿她的作业和朗读视频当作范例呢！”

“当然了，妈妈你不知道，她可厉害了，每次考试都是班里面前三。”

“你也不错呀！我觉得你学习能力也很强，肯定也能成为‘学霸’。”

“怎么可能，我考试都倒数……”

“倒数怎么了，倒数说明你进步空间大！妈妈还是很相信你的，咱不能还没开始努力就放弃是吧！你想一下，大家学的东西都是一样的，人家为什么是学霸？有没有可能是你用的学习方法不正确，所以不如人家有效率啊？”

“这么说是有这个可能。”

……

每个班级都有那么几个“学霸”，他们无论哪方面都表现得优异无比，是许多孩子及父母羡慕的对象。当父母跟孩子聊到班级“学霸”的话题时，一定不要说“谁谁谁家的孩子怎么怎么样”的话，以免让孩子产生抵触的心理，甚至嫉妒。

无论自己的孩子多么平凡，都是父母的心头肉，其他孩子成绩再好，也只是“别人家的孩子”。但是孩子并不知道这些，如果总是听父母在自己面前夸奖其他孩子，还拿自己跟其他孩子对比，孩子可能会产生自卑心理，觉得自己做得再好也比不上人家，自己很没用，爸爸妈妈不爱自己……

父母夸赞别人家的孩子，本意是想让自己家孩子能够受到激励，从而奋勇上进，赶上别人，但是这种方式很容易起到反效果。

因此跟孩子聊关于“学霸”的话题，可以按照下面的范例，换一个角度，和孩子讨论“学霸”的学习方法，讨论他们是怎么变成“学霸”的，比如“学霸”提高学习效率的小技巧，“学霸”的记忆技巧等。

“妈妈，我看杨芸每天学习的内容跟大家差不多，别人上课她也上课，别人玩，她也玩，真想不出来她是怎么学的。”

“那你明天到了学校之后，可以直接向她请教一下。妈妈相信杨芸肯定也是个乐于分享的同学。”

“唉，不行，她跟我座位离得可远了，我们平常也不一块儿玩，我不怎么好意思跟人家说话。”

“交朋友不就是要有一个人先伸出橄榄枝嘛！你要是不主动，你们就永远成不了朋友，试一试，说不定你们很谈得来呢！”

“可是……”

“要不这样吧，你看，咱们可以先循序渐进地来，明天你如果见到杨芸，可以先跟她打个招呼；后天或者大后天，你除了跟她打个招呼，还可以努力再说句别的。慢慢地，你们就说得多了，不就成朋友了？”

“好像有点儿道理。”

“至于学习方法，我可以给你讲讲我在别的地方看到的一些学习方法，你听听看，有没有觉得适合你的……”

当孩子问起“学霸”的学习方法是什么时，父母当然不能一问三不知。这正是让孩子对好的学习方法感兴趣，并养成好的学习习惯的不可错失的良机。

那么好的学习方法都有哪些呢？现在最流行的高效学习法有：费曼学习法、康奈尔 5R 笔记法、艾宾浩斯学习法、FASTER 学习法、番茄钟学习法、SQ3R 学习法、提问学习法、模仿学习法等。

1．费曼学习法：在教中学

原理：用直白浅显的语言，把复杂深奥的知识传授给外行人。

步骤：

① 选取目标：选择想要学习的目标、概念、知识。

② 教授知识：想象自己是一名老师，面对学生，用自己的话尽可能地把一个知识点讲明白，从而发现自己讲不清的薄弱点。

③ 回顾纠错：针对上一步发现的薄弱点，重新学习，直到完全弄懂。

④ 简化语言：用简单、清晰、易懂的语言复述所学习的内容。

2. 康奈尔 5R 笔记法：笔记分栏，巩固知识

原理：将笔记分为三部分，让笔记页面呈现模块化和系统化，继而更有效率地梳理所学内容。

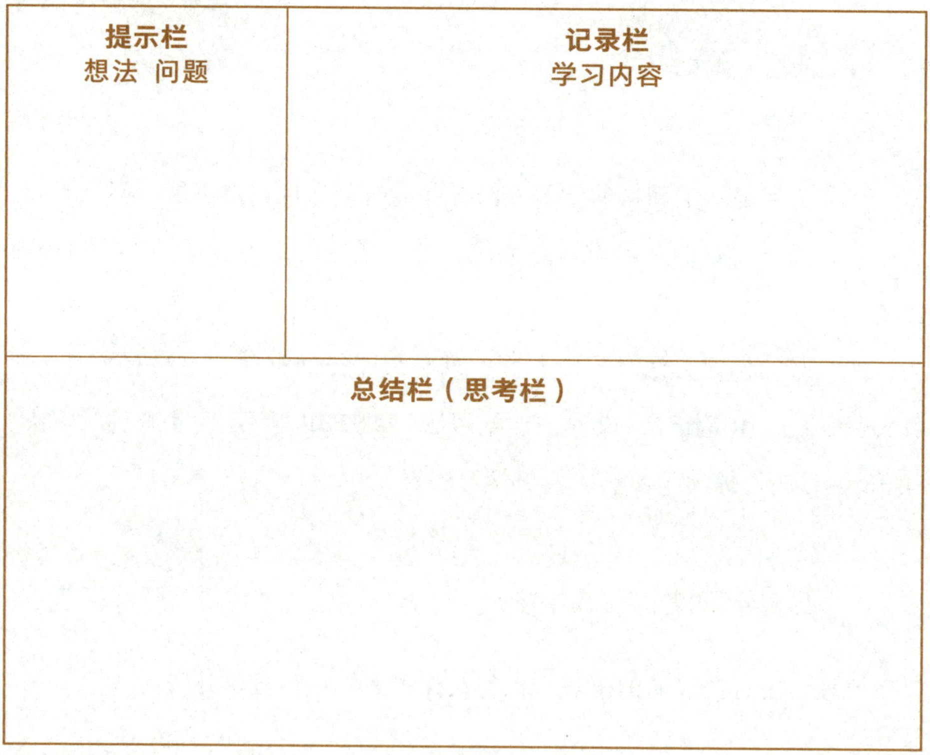

<table>
<tr><td>提示栏
想法 问题</td><td>记录栏
学习内容</td></tr>
<tr><td colspan="2">总结栏（思考栏）</td></tr>
</table>

步骤：

① 记录：在记录栏中记下重要的概念、论据、关键点。

② 简化：课余时间在提示栏里梳理笔记线索。

③ 记忆：盖住记录栏，利用提示栏多次复述、记忆记录栏中的内容。

④ 思考：在思考栏中输出自己对该知识点的学习心得、感悟等。

⑤ 复习：每隔一周左右拿出笔记，利用提示栏巩固复习。

3. 艾宾浩斯学习法：反复强化，对抗遗忘曲线

原理：遗忘的进程并不是匀速的，“先快后慢”是遗忘的发展规律，有规律地重复记忆，能让记忆变得更加牢固而持久。

步骤：周期性复习，让知识点反复多次在大脑中出现，形成短期记忆，即第一级记忆；在 7 次重复后，对该知识点产生中期记忆（二级记忆）乃至长期记忆。

4. FASTER 学习法：利用首因效应与近因效应

原理：在学习的过程中制造更多的“开始”和“结束”，会记住更多内容。

首因效应：在学习过程中，对于在开始阶段获取的内容记忆会更加深刻。

近因效应：对最后或最近学习的内容印象最深。

步骤：

① 忘记：保持初学者的心态，忘记已掌握的、不重要的内容，吸收更多知识。

② 行动：标注学习重点，提炼关键内容，调动身体积极参与。

③ 状态：保持专注，把情感和信息相结合，加深对信息的印象。

④ 教授：把学习到的内容利用费曼学习法教授给别人。

⑤ 输入：在学习新的知识之前，将之前所学的知识融会贯通。

⑥ 复习：学习任务完成后及时复习，减少遗忘。

5. 番茄钟学习法：劳逸结合，效率更高

原理：人的专注力有限，合理安排学习和休息的时间，才能提高效率。

步骤：

① 把一个较大的学习目标拆解成若干个 25 分钟内（低龄孩子可以定在 10—15 分钟内）可以完成的小目标。

② 逐个完成小目标，每学习 25 分钟，记一个番茄钟，然后休息五分钟，依此循环。

③4 个番茄钟完成后，进行 30 分钟的大休息，大休息结束后再次开始循环，直至所有目标完成。

6. SQ3R 学习法：把厚书读薄，把薄书读厚

原理：从细节到整体，再从整体回归细节，建立高效的、系统的学习体系。

① 浏览：概览书籍或课程的目录、标题等。

② 提问：一边学习一边提问，激发自己的学习兴趣。

③ 阅读：从头到尾详细学习，对重要、难解部分反复学习。

④ 复述：将学习的内容用自己的话复述一遍。

⑤ 复习：学习完成，及时复习。

7．提问学习法：自问自答，加深理解

原理：通过自己提出问题并找到答案的方式，深入理解知识。

步骤：

① 选择目标：选择一个想要学习的概念 / 知识。

② 向自己提问：是什么、为什么、怎么办。

③ 寻找答案：根据这些问题，利用各种方法找到答案，可以自己查资料，也可以询问他人。

④ 总结归纳：将答案进行整理归纳。

8．模仿学习法：把别人的变成自己的

原理：通过模仿，总结提炼他人经验中的精华部分，形成自己的知识体系。

步骤：

① 将所学习的内容划分成几个小的知识点。

② 将这几个小的知识点分别提炼为一个词或一句话。

③ 根据提炼出的要点，进行分析和整合，再用自己的话进行扩写。

④ 再次加工后，形成自己的知识框架体系。

以上这些学习方法都需要父母做好辅助工作。在给孩子讲解的时候，父母最好能够给出范例，或者是陪着孩子一起实践。如果只是口头上讲一讲，也许孩子不能正确地使用，效果肯定会大打折扣。

值得注意的是，有好的学习方法，自然就有糟糕的学习方法。糟糕的

学习方法意味着孩子花了很多的时间精力，却几乎没有效果。如果孩子长期习惯使用这些方法，很容易造成知识学不透、落下功课的情况。现在我们就盘点一下费时费力又低效率的糟糕学习方法。

1. 画下划线

很多孩子用下划线来标记重点，但画下划线的过程会让我们的大脑产生一种我已经会了的错觉，导致大脑反而不去记忆这些内容了。

升级方法：边标出重点边做总结，同时提炼关键词，在书页旁边做标注，这样大脑才会进行思考。之后复习时，看到标注和关键字，也可以快速了解把握重点，回忆起当时老师的讲解。

2. 照抄笔记

把书本上的重点内容摘抄到笔记上，看似在整理和复习，但是摘抄的过程，完全不用动脑子，只是看起来在学习，其实并没有走心。

升级方法：康奈尔笔记法。在传统笔记的基础上，增加关键词区和反思区，通过提炼关键词和进行反思，达到边整理笔记，边促进学习的作用，还可以利用关键词进行回想复习。

3. 复述背诵

一遍又一遍地背诵书上的内容，但是一合上书本就会发现根本没有记住，或者无法用自己的话复述。

升级方法：回想背诵。在理解一遍之后，立刻把书本合上，用回想的方式来进行背诵，能回想出来多少算多少，遇到实在想不起来的再翻书，之后继续回想背诵。这样的背诵才能提高记忆效果。

4．题海战术

很多孩子成绩不好，父母就认为是因为孩子题没刷够，于是很多孩子主动或者被动地陷入了题海战术里，不停地做题，可是成绩并没有明显的进步。

升级方法：以知识模块为单位做题，在做题的过程中，一定要清楚知道所做的题考查的是什么知识点，对应的是教材的哪部分内容，一定要明确做题的目的是筛查自己没有掌握的知识模块。

第五章

与孩子聊一聊社交中遇到的问题

与孩子聊一聊他的同学

女儿读幼儿园的时候，跟我分享最多的就是她的好朋友。女儿在大班时转到了新的幼儿园，但是她很快就交到了两个好朋友。我能感觉到女儿因为她的这两个好朋友，最后一年的幼儿园生活过得很快乐。

友谊对于孩子有着重要影响，良好的人际关系可以让孩子更容易适应学校的生活。因为良好的朋友圈可以让孩子更好地了解别人的观点，更好地释放情绪，也能够学会关心他人、换位思考等。孩子的世界除了父母就是朋友，在孩子的成长过程中，朋友的影响有时甚至超过父母。

能够遇到一位益友，是人生一大幸事。好的朋友会相互成就，而不会相互消耗、攀比。我读初中时，班级里有一对好朋友，她们的友情让我很羡慕。其中 A 是个性格大大咧咧的女孩子，学习总是马马虎虎，做作业也不积极，算是老师眼里的“老大难”。B 则是一个有些内向腼腆，不擅长人际交往的孩子，但是她学习特别好，在班级里一直是名列前茅。两人因为调座位成了同桌，也成了好朋友，之后互相影响，A 变得爱学习了，B 也变得开朗了很多，最后两人双双考进了同一所高中、同一所大学。后来进入社会，她们也都找到了不错的工作，即使不在一座城市，还是保持联系，经常相聚。前几年初中同学聚会，班主任就感叹，如果 A 不是遇到了 B 这么个朋友，估计高中都上不了，可能就早早辍学打工去了。

那么父母该如何引导孩子交朋友，如何帮助孩子培养友谊?

1. 培养孩子的自信心

自信心是建立良好人际关系的基础，而自卑和内向会让孩子错失许多交友机会。父母要鼓励孩子自信地展示自己的个性和特点，而不是试图去迎合他人的期望，因为只有真实的自己才能吸引到真正适合自己的朋友。因此，父母要多多鼓励和称赞孩子，并支持他们参加各种活动，锻炼他们的沟通技能和自我表达能力。

在日常生活中，父母可以对孩子多说说这些可以让孩子提升自信心的话：

“这件事你处理得很好，这证明了你的能力。”——针对性地夸奖孩子在某方面的表现，让孩子更加自信。

“你这个想法真的很有创意，我相信你要是付诸实践一定更赞！”——表达对孩子想法的认可，激发他们实现目标的信心。

“你能勇敢尝试新的事物，这很不错！”——鼓励孩子勇于尝试，表达对孩子勇敢面对新的挑战的欣赏。

“之前付出的努力让你获得了现在的成功，你真是了不起！”——指出孩子付出的努力，让孩子意识到自己付出的价值。

“你这方面一直都很出色，这是你身上的闪光点！”——赞扬、强调孩子的优点，让孩子意识到自身的价值。

“你的进步显而易见，再接再厉！”——鼓励孩子继续前进，不断提升自己。

“我知道这件事有些难，但是我相信你有能力克服它！过程中你需要什么帮助告诉我们，我们一定会好好配合你。”——父母表达对孩子的信任和支持，让他们在面对挑战的时候更有勇气去尝试。

2. 提供机会

有时候孩子可能不知道如何交朋友，或者整天在家待着，没有认识新朋友的机会。这时候，父母可以“制造”一些交友机会。例如，安排孩子参加学校或社区的活动，或者参加兴趣小组、青少年俱乐部等，并鼓励他们与其他孩子一起玩耍和学习。此外，也可以适当地邀请孩子的朋友来家里玩，以促进他们之间的交流。

3. 传授社交技巧

每个人都需要一些基本的社交技巧。父母可以教孩子如何与他人交流，例如如何主动打招呼、如何倾听别人的观点和分享自己的想法等。同时，在交友过程中，孩子可能会遇到一些冲突和矛盾，父母应该教导孩子妥善处理这些问题，学会与他人有效地沟通，并且寻找解决问题的方法，同时，还要教导孩子了解、尊重和接纳不同的文化和背景。比如，可以让孩子掌握友好的社交信号——微笑，和善的目光、点头、鼓掌、竖起拇指、热情招手或打招呼等。当对方有这些表现时，说明对方正对你表达友好，或比较认可你现在正做的事情，这个时候去跟对方进行交流，也许就能收获一段友谊。

4. 鼓励孩子培养共同兴趣

共同的兴趣爱好可以成为友谊的桥梁。父母可以鼓励孩子参加一些自己喜欢的活动或组织，以便结识志同道合的朋友。此外，父母也可以引导孩子培养新的兴趣爱好，以扩大孩子的视野，增加交友机会。

5. 学会协作

父母在家里可以多与孩子一起玩游戏、做家务，或者完成小任务，让孩子体会协作的重要性，也让孩子学会次序和等待，以及学会重视其他人的意见。

父母可以这样说：

“不要害怕和同学交流，每个人都有自己的优点和独特之处。通过互相学习和分享，你们可以共同成长，取得更大的进步。”

“每个小朋友都有自己的长处和短处，大家一起取长补短，相互学习，一起成长，一起进步！”

“学会欣赏同学的优点，同时也要学会互相理解和包容彼此的缺点。这样，你们不仅能够建立起真挚的友谊，还能在未来的生活中更好地与人相处。”

“五人团结一只虎，十人团结一条龙，百人团结像泰山！”

6. 培养孩子的同理心

同理心对于建立良好的人际关系十分重要。父母可以通过引导孩子观察身边的人并了解他们的情感需求来培养孩子的同理心。同时，也可以教育孩子站在对方的角度上思考，比如让孩子说说“如果你是他，你会怎么办”。父母也要严格要求自己多为家人考虑，做孩子的榜样。

除此之外，父母还要告诉孩子甄别真朋友，远离“毒友谊”。

艾琳·伦纳德博士在美国《今日心理学》中指出，孩子如果在交往中存在“在交往中一味讨好对方；总是处于被动服从的地位；常常被嘲笑、轻视、抵制；孩子的自信心萎靡、沮丧和伤心居多”这些特征，那么就很可能陷入了“毒友谊”，在“友谊”的外衣下，被欺负、被欺凌、被排挤和被伤害。

之前热播的电视剧《隐秘的角落》里有一个角色叫朱朝阳，他本应该是未来一片光明的“学霸”，却因为跟一群不良少年混到一起，最后成了一个背负几条人命的杀人凶手。“学霸”朱朝阳之所以走到这一步，是因为他在原生家庭中感受不到爱，又太过渴望爱，才会把不良少年当成好朋友，最后在他们的影响下，一步一步堕落。父母要多留心孩子的心理诉求，反思平时的教育过程中是不是遗漏了什么，是不是对孩子的限制太多，是不是不够关心孩子，孩子是不是有心事，等等。当父母把孩子心理需求的“漏洞”补上时，他就不会再向外界索取了。

想要让孩子远离“毒友谊”，就要先让孩子意识到问题的存在。比如在和孩子聊天时，可以问孩子：为什么你的朋友总是说你做得不好？他知道这样说你会伤心，为什么还要这样说呢？你们每次玩游戏都要听他的对吗，如果不听他的是不是就威胁不带你玩了？

父母通过具体问题，帮孩子梳理思路，让孩子意识到他正在“被贬低”“被命令”，让他自己判断这段友谊是否应该继续下去。记住：你无法替代孩子进行社交，但一定要教会他怎样识别真朋友，一定要告诉孩子，这四类人一定要远离：

第一类，自己不想学好，还要阻止别的孩子进步的人，比如孩子在看书，对方却要拉着孩子一起逃课或者上课做别的事情。

第二类，教唆孩子做危险事情的人。“我们出去玩吧，做什么作业啊，你不会不敢吧”“你看这墙又不高，你不会不敢翻吧”，孩子都年轻气盛，遇到喜欢挑衅的就很容易杠上，做出危险的事情，甚至一时冲动，做出违法乱纪的事情。

第三类，爱炫耀攀比的人。这种人往往喜欢用自己在物质方面的优越感把别人踩下去。孩子心智不成熟，看到有人炫耀，难免生出嫉妒心，或者产生自卑的心理。一定要告诉孩子，远离喜欢攀比、炫耀的人。

第四类，跟他做朋友，还需要听他的话、讨好他的人。这样的人喜欢发号施令，孩子跟这种人做朋友只能小心翼翼地讨好对方，甚至为了所谓的“面子”“哥们儿义气”而放低自己的底线，容易形成讨好型人格，进而失去自我。

与孩子聊一聊如何与同学相处

孩子最重要的社交圈有三个，第一个是“家庭圈”。父母是孩子接触最多的人，想要让孩子更加优秀，父母就要带头读书学习，做好榜样；想让孩子积极乐观，父母就要情绪稳定，给孩子足够的陪伴和信任。随着孩子长大，父母会逐渐退出孩子的圈子，朋友则会成为对孩子影响最大的人，

对这一阶段的孩子来说，最重要的圈子就是“朋友圈”。好的朋友可以激励孩子更好地成长，但父母一定要告诉孩子，想要结交优秀的朋友，先让自己变得强大。

很多孩子是天生的“外交家”，很自然就能交到好朋友。但是有的孩子，都过了大半个学期了，可能连一个玩得好的同学都没有。后者的父母往往很苦恼，不知如何才能让孩子交到知心朋友。

首先，父母要主动与孩子沟通，了解他在学校的情况，和与同学相处过程中遇到的问题，才能找到应对之策。

例如，孩子放学了，父母可以对孩子来一番旁敲侧击。

“今天有体育课，没有跟玩得好的同学一起踢球啊？”——询问目的：孩子是否有一起玩得好的同学。

“听说你们班有不少优秀的孩子，比如李明，他好像以前跟你是一个幼儿园的呢。除了他，你们班还有谁比较优秀啊？对了，你们班女生/男生好像还挺多，你认识几个呀？”——询问目的：了解孩子对班级同学的熟悉程度。

“隔壁刘阿姨家的孩子好像被人欺负了，据说他们班有几个学习不太认真、总是欺负人的坏孩子，你们班有没有？”——询问目的：侧面了解孩子是否跟人有冲突。

在基本了解孩子在学校的情况之后，就可以对孩子提出对应的建议。

1. 尊重他人，理解包容：尊重他人的观点和感受，避免因为意见不同而产生冲突；理解并包容他人的差异，以建立和谐的人际关系。

2. 主动沟通，倾听理解：鼓励孩子主动与同学交流，表达自己的想法和感受；同时，倾听他人的意见，理解他人的立场和感受，并通过沟通，增进彼此的了解和信任。

3. 分享合作，共同成长：教导孩子学会分享，与同学共同完成任务，培养合作精神，在合作中互相学习、互相帮助，共同成长，为未来的成功打下基础。

4. 积极面对问题，寻求解决方案：当孩子与同学发生矛盾时，引导他采用积极的态度面对问题，听取不同观点，寻找共同点和解决问题的办法。

5. 珍惜友谊，相互支持：鼓励孩子多交朋友，珍惜友谊，在朋友需要帮助时，给予支持和关心，共同度过美好时光。

6. 诚实守信，赢得信任：教育孩子诚实守信，遵守承诺，以诚信赢得他人的信任和尊重，建立良好的人际关系。

7. 尊重多样性，包容差异：教导孩子尊重他人的文化、背景和差异，在交往中包容不同的观点和行为，以开放的心态接纳他人。

这些建议可以帮助孩子建立良好的人际关系，让他们与同学、朋友友好相处，共同进步。

当然，我们不能奢求孩子的人际交往一帆风顺，因为冲突无处不在，孩子与同学、朋友交往时，也一样会遇到各种冲突。面对冲突，孩子应该注意什么，应该如何应对呢？

首先，保持冷静是关键。父母要告诉孩子，当冲突爆发时，一定要控制自己的情绪，不被愤怒左右。只有保持冷静，才能清晰地思考、理智地处理问题。

其次，有效沟通是解决冲突的桥梁。孩子需要清晰地表达自己的想法和感受，同时也要倾听对方的观点。通过真诚对话，冲突双方可以更好地理解对方，找到解决问题的共同点。

再次，尊重他人是解决冲突的基础。父母应引导孩子学会尊重他人的感受和观点，避免使用攻击性的语言或行为。

复次，告诉孩子，如果无法自行解决冲突，就要毫不犹豫地寻求帮助。老师、父母或其他熟悉的成年人是可信赖的支持者，他们的经验和智慧可以帮助孩子找到解决问题的正确方向。

最后，有原则的妥协是解决冲突的关键。在寻找解决方案的过程中，孩子需要做出妥协，以便双方达成共识。妥协是成熟的表现，也是建立和谐关系的必要条件。但是，妥协并不代表全盘接受，妥协应该有原则、有底线，触及原则的问题，是绝对不能忍让、妥协的。

总之，面对冲突，孩子应该保持冷静、尊重他人，进行有效沟通，及时寻求帮助，并学会有原则地妥协。这些方法将帮助孩子建立良好的人际关系，化解冲突，共同创造和谐的学习环境。

最后，还要对孩子强调与同学相处时要注意的几条原则。

① 不要用讨好的方式交朋友。

② 对不合理的要求，勇敢说“不”。

③ 不替坏人保守秘密。

④ 远离消耗你的人。

⑤ 不要害怕失去“朋友”。

⑥ 守住身体的底线。

交友之道，贵在真诚。不必刻意讨好他人以换取友谊，对于那些只看重利益的人，或者道德品质败坏的人，应保持警惕。他们不但可能在你失去利用价值时离你而去，还可能带你走上不归的歧途。因此，面对不合理的要求，要勇敢地说“不”。如果一个人因你拒绝了他的要求便与你疏远，那这样的朋友本就不值得交。真正的朋友会理解你的处境，不会强迫你做违心的事。遇到校园欺凌，更要有勇气坚决反击，须知妥协只会招致更多侵害。

保密虽关系到朋友间的信任，但面对坏人的秘密，要有勇气揭露，不必为坏人守秘密。

择友要慎重，避免与负能量的人过多接触。那些一味抱怨、看什么都不顺眼的人，相处久了可能会影响你的心态。

对于那些把你的帮助视为理所当然，并无偿索取的人，应当保持距离。

不必担忧失去“朋友”，每个人的价值观不同，可以尊重对方的意见，但不必盲目附和。友谊是双方的事，你有权利选择与谁交往，不必把所有人都请进你的生活，而应该与志同道合的人相处。

坚守自己的底线，避免与诱导你抽烟、喝酒或从事危险活动的人交往。近朱者赤，近墨者黑，好的朋友不会教你走向堕落。对于让你不舒服的身体接触，即使对方是好朋友，也应断然拒绝。

努力提升自己，与正能量的人交朋友。一个人的品格、学识和三观决定了他的朋友圈，努力充实自己，不断学习、不断进步，才能吸引优秀的朋友。

与孩子聊一聊他的各位老师

对于老师，孩子总是有一定的敬畏心理，因此父母跟孩子聊老师这个话题的时候，可以先来个抛砖引玉，说一说自己上学时遇到的那些老师，他们分别教的是哪些科目，各自有哪些特点。孩子有了父母的“打样”，自然就会照着说了，父母便可以轻松了解很多信息。

老师对于孩子来说是一个非常重要的角色。他们不仅是知识的传授者，

还是孩子成长的引导者和榜样。老师的教育和引导对孩子的成长和发展有着深远的影响。

在心理学上，有一种影响叫“权威影响”，指个体在面对权威人物或者具有专业知识、经验和威信的人所提供的信息时，更容易接受和采纳这些信息的现象。而老师就是孩子人生中最早遇到的“权威人士”之一，孩子信任老师、尊重甚至崇拜老师，总是不由自主地模仿老师的言行。

所以父母在跟孩子聊老师这个话题的时候，一定要认真聊一聊老师的性格。了解老师的性格特点可以帮助父母更好地与老师沟通、合作，共同促进孩子的全面发展。不妨试试这样说：

“爸爸小学的语文、数学老师居然一直都是男老师，教你们的是男老师还是女老师？”

“妈妈上小学的时候，有位语文老师教得特别好，讲话可温柔了，你们语文老师说话温柔吗？”

“爸爸小时候很调皮，总被老师打手心，你们现在还会不会被打手心啊？”

在与孩子聊老师的话题时，父母可以问一些开放性的问题，比如：

“你喜欢哪位老师，为什么？”

“你觉得哪位老师的教学方式最好，为什么？”

“你觉得哪位老师最关心你们，为什么？”

“你觉得哪位老师最能激发你们的学习兴趣，为什么？”

这些问题可以帮助孩子更好地思考和表达自己的感受，同时也可以帮助父母更全面地了解孩子的成长情况。此外，父母还可以通过以下几个方面来了解老师的性格特点。

1. 观察老师的言行举止：老师的言行举止是其性格特点的直接反映。父母可以通过与老师的日常交往，如到学校接孩子时与老师闲聊几句，孩子有问题时给老师打电话等来观察老师的言行，比如是否耐心、是否容易发火、是否善于引导学生等，以此来了解老师的性格特点。

2. 了解老师的兴趣爱好：老师的兴趣爱好也可以反映其性格特点。父母可以通过与老师交流或者查看老师的社交媒体等方式，了解老师的兴趣爱好，从而更好地了解老师的性格特点。

3. 询问其他学生的父母：父母之间可以多多交流，了解他们对老师性格的看法和评价。这样可以更全面地了解老师的性格，也可以更好地判断老师是否适合孩子。

总之，了解老师的性格特点对于孩子的成长和教育都非常重要。父母应该多与孩子交流，多方面了解老师的性格特点，以便更好地与老师沟通和合作，促进孩子的全面发展。

与孩子聊一聊如何与老师相处

“宝贝，你们老师今天给我打电话了。”

“什么？！老师为什么给你打电话呀？”

看着孩子紧张的样子，要不是我知道孩子在学校挺乖的，还真以为她干了什么坏事而心虚了。

“没有，就是老师问你的作业是没做，还是真落家里了。你这么怕老师，你们老师是不是很严肃？”

“没有啊。我们老师挺好的，上个星期还奖励我一个小本子呢。”

“那你怎么那么怕老师打电话？是不是在学校没好好表现，怕老师告状？”

“嘿嘿，没有，大家不都怕老师的吗？”

“这倒也是，不过其实老师没什么可怕的。你想一想，你们老师的女儿跟你们一样大，就在你们隔壁班是不是？如果把老师当成跟妈妈差不多大年纪的普通邻居阿姨，是不是就不那么害怕跟老师交流了？”

“可老师就是老师，不是邻居阿姨……”

“那你觉得把你们老师当成谁你跟她说话不紧张？”

“嗯……”

“想不出来？这样吧，我们现在来个角色扮演游戏，现在起，我就是你的班主任，你扮演你自己。现在刚下课，你要向我请教问题，或者反映一些事情，怎么样？”

“好呀！”

……

与老师处好关系不仅可以提升孩子的学习效果，还可以增强学习动力，获得更多机会和更好的建议与支持，同时也有助于培养孩子的社交能力。为了让孩子能够快速适应新的环境，让他们能够更好地跟自己的老师良好沟通，父母不妨从以下几个方面出发，与孩子聊一聊如何与老师相处。

1. 讲礼貌，尊师重道，不卑不亢

老师都喜欢懂礼貌、尊重老师、友爱同学的学生。上课认真听讲，课后或者校外遇到老师热情打招呼，和老师交流时不卑不亢，都会给老师留下懂礼貌的好印象。

2. 勇敢表达

老师其实都希望学生有问题就及时反馈，因为一位老师要面对几十个学生，还要做好其他工作，所以很难面面俱到。如果学生不主动向老师反馈，有的事情老师就很难发现。比如课间的一些小摩擦，同学之间的一些小矛盾之类等。

3. 准确、简洁、有效地沟通

跟老师沟通的时候，尽量选择不打扰老师正常工作的时间，同时尽量语言精练，几句话就能把事情说清楚，这样老师就能够及时处理，还不耽误自己的工作。

4. 尊重老师的工作，学习上听从老师指挥

老师基本上都有多年任教经验，给学生安排的学习计划都是根据老师多年经验制订好的，如果不按照老师的学习计划做，就有可能掉队，跟不上大家的学习进度。有的父母因为自己学历很高，觉得老师的计划不如自

己的好，就让孩子不按照老师的计划学，导致孩子成为班上的“另类”，是非常得不偿失的。

5．有异议可以事后与老师沟通

如果觉得老师事情处理得不好，不要和老师当众争吵，或者在班里闹事，因为闹事或者吵架只能宣泄情绪，对于解决问题没有益处。如果有好的建议，可以在课后找老师说明，老师肯定会及时处理。

6．和老师沟通时尽量不要涉及隐私

在学校里，老师就是学生们的暂时监护人，是值得信赖的长辈。学生如果向老师请教学业上的问题，老师都会很乐意回答，但是老师也有自己的生活圈子，并不希望自己的私生活被打扰，所以和老师沟通的时候，不要问老师的个人隐私，要充分尊重老师。

与老师沟通的方法还有很多，比如，父母应当鼓励孩子主动与老师建立联系。除了在课堂上积极与老师互动，还可以利用课余时间向老师请教问题、分享学习心得，这样可以加深与老师的交流，建立良好的师生关系。此外，父母要支持孩子积极参与学校的课后活动，如运动会、艺术节、科技节等，这些活动都是孩子与老师互动的好机会。积极参与这些活动，不仅可以丰富孩子的校园生活，还能增进孩子与老师的感情。

父母可以通过以上的引导和鼓励，帮助孩子在实际行动中与老师建立更紧密的师生关系。这种关系不仅有助于孩子更加投入校园生活，增强孩子的学习效果，还能培养他们的社交能力和人际交往能力。

第六章

与孩子聊一聊青春期

与孩子聊一聊青春期的心理变化

不知道父母有没有听过“初二现象”——孩子小时候很听话，但是升上初二后，突然就像变了一个人一样，无论父母说什么，孩子都要顶撞，有时候甚至干脆不搭理父母，对父母说得最多的一句话就是“别管我”；父母想要跟孩子沟通，可是孩子一看到父母就关门；父母多唠叨两句，孩子甚至直接摔东西……看着曾经活泼可爱的孩子，突然变成“混世魔王”，父母大多感到不知所措。

其实所谓的“初二现象”是孩子进入青春期的表现，美国心理学家霍林沃斯称这一阶段的孩子处在“心理断乳期”。青春期是孩子生长发育的关键时期，这个阶段孩子的心理也会发生一系列变化。

1. 认知能力快速发展。青春期的孩子思维能力活跃，记忆力强，学习能力、概括能力强，想象力活跃，对许多事物有了新的认知。在这个阶段，他们乐于接受新鲜事物，但也可能会受到不良信息的影响。

2. 自我意识高涨。青春期阶段的孩子强烈的自我意识觉醒了，他们开始独立思考，不愿意服从他人的要求，追求自我独立和获得他人尊重。在这个过程中，他们可能会产生一些自我认知上的矛盾和冲突。

3. 叛逆。青春期的孩子通常比较叛逆，他们可能会故意与父母、老师对着干，以彰显自己的性格和主见。

4. 迷惑和诱惑。因为乐于接受新鲜事物，所以青春期的孩子也面临着许多迷惑和诱惑，例如身体的变化、没见过的新奇事物和更多的信息来源，这些都可能分散他们的注意力，导致他们的学习成绩下降。

5. 厌学情绪。青春期的孩子可能会出现厌学情绪，这可能是学习压力、家庭问题、人际关系等多种原因导致的。厌学情绪可能让孩子失去学习的动力，影响他们的学业表现。

6. 社交能力增强。青春期是孩子社交能力发展的关键时期。这一阶段，他们更乐于与同龄人交往，并建立自己的社交圈子。在这个过程中，他们可能会遇到一些社交问题，例如如何处理人际关系、如何表达自己的意见等。父母和老师需要引导孩子正确处理这些问题，培养他们的社交能力。

7. 情绪波动。青春期孩子的情绪波动一般比以前更为频繁和强烈。他们可能会因为一些小事情而感到沮丧、焦虑、愤怒等，甚至有可能出现冷战、打架等行为。父母需要关注孩子的情绪变化，给予他们足够的支持和安慰，引导他们学会控制自己的情绪。

8. 价值观形成。青春期是孩子价值观形成的关键时期，在这一阶段，他们开始试着思考自己的人生意义、价值取向等问题。在这个过程中，他们可能会受到一些不良价值观的影响，产生一些偏见和误解。父母需要引导孩子形成正确的价值观。

9. 恋爱意识觉醒。青春期的孩子逐渐对异性产生好奇和兴趣，一些孩子会开始关注恋爱话题。他们可能会对爱情产生浪漫的幻想，甚至尝试谈恋爱。父母应引导孩子正确看待恋爱关系，教育他们保持理智，避免因过早涉足感情而影响学业和成长。

10. 个性塑造。青春期是孩子个性形成的关键时期。在这个阶段，他们开始探索自己的兴趣爱好，并逐渐形成独特的个性特点。父母应尊重孩子的个性差异，鼓励他们发展自己的特长和优势。

11. 责任感增强。随着认知能力的提高，青春期的孩子逐渐意识到自己对家庭、学校和社会的责任。在这个过程中，父母可以让他们承担一些家务劳动或参加社会公益活动，以此培养他们的责任感和团队精神。

12. 抗挫折的能力。青春期的孩子面临着学业、家庭和人际关系等压力，需要学会面对挫折。父母应教导孩子正确应对挫折，培养他们的抗压能力和心理韧性。

13. 网络成瘾。随着科技的发展，越来越多的青春期孩子沉迷于网络游戏、社交媒体等。父母需要关注孩子是否存在网络成瘾问题，引导孩子合理使用网络，防止孩子沉迷于虚拟世界。

针对普遍存在的“初二现象”，我们需要从多个方面来探讨，以更好地引导和教育这一阶段的孩子。

这个年龄阶段的孩子内心深处渴望得到关注和认可，也容易犯错，因此，父母与他们沟通时，要注重传递关爱和温暖，要展现出接纳和积极引导他们的态度。在解决孩子所面临的问题时，父母要陪伴在孩子身边，给予关爱和支持，而不仅仅口头教导了事。

与孩子保持相对轻松和积极的沟通至关重要。父母可以尝试采用“头脑风暴”的方式，鼓励孩子表达自己的想法，共同探讨问题。面对问题，父母不要轻易给孩子定性，相反，我们要站在孩子的角度，尝试和他们一起思考、分析、探讨问题，寻求适合孩子的解决方案。

此外，父母还要时刻关注孩子的心理健康，关注孩子的情感需求，及时发现并解决其心理问题。父母可以鼓励孩子积极参加各类社团活动和志愿服务，以提高他们的心理素质和社会适应能力。还要关注孩子的社交状况，引导他们建立正确而健康的人际关系。

最后，培养孩子的自主学习能力也是非常必要的。在这个阶段，孩子需要学会独立思考，形成自己的价值观。父母则要引导孩子养成良好的学习习惯，鼓励他们积极探索未知领域，培养创新精神。同时，还要尊重孩子的兴趣和个性，让他们充分发挥自己的潜能。

总之，青春期是一个充满挑战和机遇的阶段，面对“初二现象”，父母需要从多方面入手，为孩子创造一个良好的成长环境，通过关爱、陪伴、沟通、引导等方式，帮助他们在这个关键时期健康地成长。

与孩子聊一聊青春期的生理变化

在孩子成长的旅程中，12—15 岁这个阶段可谓关键时期。在此阶段，孩子的身体会发生翻天覆地的变化。尽管这些变化对于孩子来说充满挑战，但它们都是迈向成熟的重要步骤。

亲戚家的孩子马上上六年级了。有天孩子妈妈突然神神秘秘地把我拉到角落，原来是她家 12 岁的儿子跟她说“下面”有点儿痒，孩子爸爸一看，发现孩子已经开始发育，隐私部位因为生长毛发，所以引发了瘙痒症状。听完，我赶紧提醒她趁此机会给孩子科普青春期身体发育的相关知识，孩子如果因为这方面知识不足，在学校或者其他地方闹出笑话，有可能会影响到他的心理健康。

英国的儿科医生詹姆斯・谭纳通过观察、量化男性和女性第二性征发育特点，总结了男孩和女孩的青春期发育规律，这就是有名的“谭纳标准”。谭纳标准总共 5 个阶段，阶段 1 代表青春期前，阶段 5 代表已发育为成人。它被广泛应用于评估青春期的性发育进程。

在詹姆斯・谭纳医生的研究中提到，男孩在睾丸增大至少两年后才会出现变声和遗精。但是去年去亲戚家做客的时候，我发现这个孩子已经开始变声了，这意味着他的身体已经发育一段时间了。

孩子妈妈问我，该怎么跟孩子聊聊这方面的事情。我建议她和孩子爸

爸一起了解一下相关情况，让孩子爸爸来做直接教导孩子的主力。

首先是确定教导的时间地点。比如，可以选择一个环境比较好的公共洗浴中心，让爸爸和孩子一起去洗澡，然后父子俩就可以就成年人和孩子身体的不同之处打开话题。这样做，既可以让孩子看到各个不同年龄段男性的身体的不同之处，又让孩子明白身体的发育是一个正常的过程，没有什么好羞耻的。

之后，还可以让爸爸带着孩子一起看一些生理知识的科普片，进一步科学认识身体的发育过程。

如果是女孩子，那就由妈妈来主导。妈妈可以带着女儿去逛一逛女性用品店或者母婴店，让孩子通过一些女性常用物品了解与自身发育相关的知识。另外，也可以让女儿试穿妈妈的衣服，让她知道自己身体的变化是很正常的事，没有什么可怕的。

除了身体性征的变化，其他对孩子影响比较大的生理变化也不可忽视。

小亮是某中学初二年级的一名学生。性格开朗活泼的他，从步入初中后突然变得沉默寡言起来，不像以往那么积极跟父母交流了。小亮妈妈很担心孩子，于是联系小亮的老师沟通了一番，从老师反馈的信息中，小亮妈妈了解到孩子在校时说话声音嘶哑，音量还小，老师和同学有时候都听不清楚他在说什么。小亮妈妈这才恍然发现自己真是“灯下黑”——孩子变声期好长一段时间了，自己也没有给孩子讲一讲要注意的事情，孩子很可能因为变声期的不良发音习惯，导致声带出了问题。随后小亮妈妈带着小亮去医院，小亮果然被诊断为“变声期发音障碍”。经过医生的一番精心治疗，小亮终于找回了自己“真正”的声音。

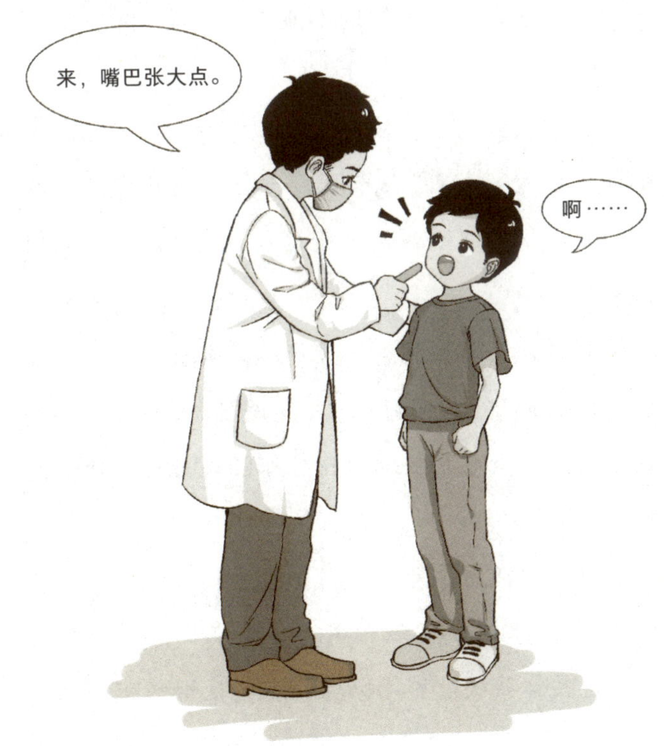

变声是青春期必经的过程，平均持续一年，一些孩子大约在三个月完成这一转变，但也有些孩子需要长达三年的时间才能完成变声。在这个阶段中，如果父母不重视，任由孩子过度使用自己的声音，就有可能导致终身的声带损伤，变成所谓的“公鸭嗓”。

这个时期的孩子是非常敏感的，如果他们因为身体上的改变而迷惑、沮丧，父母要及时开导孩子：

“宝贝，变声期是一个正常的生理变化过程，每一个男孩子都要经历这个过程。如果下次同学再拿你的声音开玩笑，你就大声跟他们说：‘想一想，你马上也要变声了，到时候如果别人也拿你的声音开玩笑，你会开心吗？’”

青春期的女孩子通常会因为月经而遇到一系列麻烦，比如因为卫生巾没放好被男生取笑，或者是因为经期不能剧烈运动，上体育课不好意思请假等。

最近有网友通过人民网留言板反映某地小学学校“学生厕所无门，女生例假期间不能借用教师厕所”等问题。该小学随即采取了在校内女生厕所加装隔断门，允许学生使用教师厕所等一系列措施，同时组织各年级开展生理卫生健康教育。

有形的隔板好装，无形的观念屏障却不易打破。对于小学女生来例假遭取笑的问题，更根本的还在于打破“月经羞耻”这一思想壁垒。如果一味讳言、遮掩基本的生理现象，缺乏对青少年的性教育，孩子便容易陷入心理和认知误区。

孩子的生长发育存在个体差异，对于月经初潮比较早的女生而言，如果没有父母和老师的正确引导，就很可能导致孩子陷入“我和别人不一样”的恐慌和自卑感，使自我厌恶感不断累积，无法形成正确的自我认知。但是，克服月经羞耻不只是“当事人”的事情，向所有适龄学生普及相关生理卫生知识同样重要。

如果女儿已经月经初潮，父母要及时给她准备好卫生巾和一次性内裤放到书包里备用，还要告诉她，如果在学校突然来了月经，可以向女性教职员或者医务室医生求助，不要害怕、害羞，这是正常的生理现象，我们要严肃而认真地对待。

除了变声和月经，还有一种困扰孩子甚至成年人的一种疾病——“青春痘”。“青春痘”别名痤疮，医学上称为寻常痤疮，是皮肤科最常见的毛囊皮脂腺慢性炎症疾病。人体的内分泌失调是引发“青春痘”的一大原因，而孩子进入青春期，内分泌会发生巨大变化，皮脂腺分泌旺盛，所以容易患上青春期较为常见的一种叫“青春痘”的疾病。不过需要注意的是，“青春痘”这个说法可能会让人以为只有青春期才会得这疾病，其实不然，任何年纪都有可能长痘痘。

青春期的孩子本身就非常注重自己的形象，又害怕同学嘲笑自己长痘痘，于是焦虑不安，导致睡眠不好、心理压力大。殊不知这就陷入了一个死循环——越是在意痘痘，越是焦虑、睡眠不足、压力大，内分泌就更紊乱，皮肤油脂分泌就更多，于是痘痘就更加严重。

如果孩子脸上长了“青春痘”，父母一定要及时带孩子就医，不要让孩子用手去挤痘痘，也不要盲目购入一些祛痘产品。现在网络发达，直播带货让市场上的产品良莠不齐，有些产品甚至没有经过国家相关部门检测。如果购买的祛痘产品里有激素，用得久了有可能形成“激素脸”，让皮肤问题更加严重。

当然，有的孩子即使脸上没有“青春痘”，也会因为开始注重外貌而产生焦虑或者自卑心理。父母不妨在聊天的时候，多多开导一下孩子。

如果孩子回家跟父母说他今天被同学说自己长得丑，父母要怎么安抚孩子的情绪呢？

“你不丑，你最美了！”这样说，有的孩子可能会觉得你在敷衍他，而有的年纪比较小的孩子则可能会当真，这样反而会让孩子活在不切实际的幻想中，长此以往，还有可能影响孩子的自我认知。

“他们怎么这么不懂礼貌呢！真是太过分了！你不要跟这些没有素质的坏学生一般见识，咱不生气啊。”这样说看似站在孩子这一边，保护了孩子的自尊心，但其实会让孩子形成一种“骂我的人都是坏人”的认知，从而加剧孩子之间的矛盾。

那么我们应该怎么跟孩子说才合适呢？首先父母要控制住自己的情绪，不要急着告诉孩子什么是美、什么是丑，而是先让孩子把负面情绪发泄出来。

等孩子发泄完后，可以问他：“同学这么说你，你觉得自己丑吗？”其实孩子心里已经有答案了，父母可以让孩子说出真实的想法，再引导孩子接受独一无二的自己：“每一个人的审美都不一样，我们不用那么在意世俗观念中的美与丑，保持独一无二的自己才是最重要的。”

同时，也要让孩子明白容貌并不是一切：“如果你最好的朋友李小明长得并不出众，你还愿意跟他交朋友吗？”

等孩子说出答案，可以让孩子自己分析原因，接着就继续进行正确引导：“跟别人做朋友，并不只看对方的样貌，还要看你们一起玩的时候开不开心，有没有共同爱好，想法是不是一致，是不是？所以样貌并不是最重要的。”

除此之外，下面的说法也值得参考。

“好看的皮囊千篇一律，有趣的灵魂万里挑一。咱们大多数人论长相都不出众，但我们可以有有趣的灵魂啊，是不是？”

“如果一个人只拥有美丽的外貌、华丽的衣饰，内心却空空如也，那他还算美吗？我们要做一个快乐又充实的人，只有精神富足，才能变得更快乐。”

总而言之，父母要教会孩子客观、多角度地看待问题，降低外貌在孩子心里的重要性，让孩子知道每个人身上都有自己的闪光点；同时让孩子多多阅读，开阔眼界，让他们为自己构建一个更富足强大的内心世界。

与孩子聊一聊青春期身体发育带来的情绪变化

12—18 岁这个年龄段，是孩子身体的快速发育期，大部分孩子都发育得很快，但还是会有一部分孩子因为各种原因达不到平均身高。如果孩子一直偏矮，可能因为自卑而影响心理健康。所以这个阶段的父母一定要密切关注孩子的生理、心理变化。

据郑州大学第一附属医院儿科医生介绍，有一个 12 岁的女孩小灵因为身高问题来就医。据父亲叙述，小灵从 8 岁开始就不长个儿了。医生反复检查，小灵身体各方面都很正常，最后与她进行深度沟通，才知道因为父母离异，孩子情绪抑郁，从而导致生长激素分泌异常而无法长高。

小灵的案例并不是个例，医生指出，除了遗传、睡眠、营养、运动影响身高外，心理因素也会对孩子的生长发育产生严重影响。突然遭遇意外的打击，脑垂体生长激素分泌异常，就可能导致生长暂停。这种病症甚至有了专门的名称——心理性矮小症。

如果孩子长期生活在挨打受骂、精神压抑、无人关心的家庭环境中，又或者突然遭遇重大精神打击，就很可能导致体内激素分泌障碍，身体“罢工”而停止生长。由此可见，良好而轻松的家庭氛围是孩子健康成长的基石，治疗心理性矮小症的，首要就是解决孩子的心理问题。孩子没有了心结，病症也就随之远去。

再看另一个例子。青青是个乖巧文静的小姑娘，跟周围邻居见面总是会笑眯眯地打招呼，对长辈尊敬，对朋友热情，在班级里学习也是名列前茅。可是随着初中生活的开始，青青的情绪渐渐变得不稳定。有一点儿不顺心的小事情，她就会烦躁不已；爸爸妈妈多说她两句，她不是成了“火药桶”，说爆发就爆发，就是成了“林妹妹”，开始掉“金豆豆”。这一切的转变让青青的父母不知所措，对于自己这些变化，青青自己也感觉到了，但是她也不知道自己为什么会变成这样。

青青的变化，就是青春期孩子常见的情绪变化。青春期孩子的情绪就像过山车——高低起伏，变化很大，又像六月天的暴雨——来得快，去得也快。这是这一阶段孩子的共同特点，父母不要误以为是孩子耍性子。

青春期情绪变化大跟该阶段孩子身体快速生长发育、心理迅速走向成熟有着密切关系。这个时期的孩子高度自我中心化，对外界的变化、周围人的眼光都非常敏感，容易产生不良情绪。另外，此时孩子控制情绪的大脑前额叶区域发育尚未成熟，情绪控制能力差。这样一来，青春期的孩子一方面容易产生情绪，另一方面又不能有效地控制情绪，情绪便像疾风骤雨般变化了。

青春期的孩子情绪有四个特点：

1．波动性

情绪说来就来，时好时坏。前一秒还心情不错，下一秒就来情绪。

2．极端性

情绪上来就变得很难沟通，说什么都不听，还容易抱怨、指责父母。

3．封闭性

有情绪不愿表达，不愿与父母沟通，让父母干着急。

4．强烈性

情绪强度很大，像个火药桶，一点就炸！

孩子正处于青春期的父母看到这里是不是觉得很熟悉？青春期的情绪特点，让父母与孩子相处变得更难。青春期的孩子容易过度反应的原因之一，是他们的自我意识和对隐私的需求促使他们掩饰真实的想法。因为他们渴望快速成长变成大人，而表露真实感受往往会让人看起来过于脆弱，这不符合年轻人想展示给世界的强壮的、独立的自我形象。

这个时期，父母要让孩子明白一点：控制情绪是力量的象征。情绪虽然有负面的能量，但也有更多正面的能量。在我们有情绪的时候，应该控制住它，而不是被它控制。

在孩子情绪激动时，父母切忌讲道理，因为这个时候的孩子根本听不进去，“唠叨模式”只会起反效果，甚至说些任性的气话，让局面变得更加难以收拾。所以在孩子愤怒、沮丧或者伤心大哭的时候，父母最好是能给孩子一个拥抱，或者是给孩子提供一个可以安静发泄情绪的环境。

“我知道你很生气，你可以把脾气发泄出来，但是不要伤害到自己好吗？”

这个时期的孩子的心理成长跟不上身体成长的速度，各种不适也开始反映在他们的情绪上，所以父母要给予他们更多的耐心，不要在孩子失败沮丧时还去指责他，这个时候孩子需要的是家人的安慰和理解。

“孩子，妈妈知道你沮丧，这都是正常的，没有人一直成功，大家都是在失败中不停成长，所以不要因为一次失败就灰心丧气，好吗？”

“这次失败了，我们可以躺下伤心一会儿，但是等我们积蓄好力气之后，就痛定思痛，争取成功，好吗？”

与孩子聊一聊青春期的压力

14 岁的小敏在某实验中学初中二年级，她性格活泼开朗，多才多艺，绘画、音乐都有一定基础。初一上学期，小敏成绩优良，还担任班上的课代表。但是初一下学期，小敏的父母离婚了，家庭变故给小敏造成了很大影响，自此她的学习成绩开始下滑。进入初二后，由于学习压力越来越重，小敏开始对学习产生恐惧、厌倦心理，不愿到校上课，性格也变得沉默寡言，和同学交往越来越少。虽然老师和父母多次找她谈心，但效果甚微。

她的同学小军，同样也有青春期的烦恼，他说："我小时候跟着爷爷奶奶生活，到了小学五年级才跟爸爸妈妈一起生活。我自小害怕爸爸妈妈，因为人家的爸爸妈妈总是给孩子无微不至的关怀，而我的爸爸妈妈非常严厉，我考试成绩稍微差了就训斥、打骂我，还逼我参加绘画、篮球班，以前我很喜欢，可现在觉得越来越烦。我很累，但每次和爸爸妈妈一讲，他们总说我偷懒。现在我特别怀念跟爷爷奶奶生活的时候。那时候，我的成绩在班上数一数二，老师信任我，同学羡慕我，而且那时学习很轻松。我也试图努力过，但成绩并不理想，现在一想到学习，我就心烦，我想休学，明年重新开始学习。"

这样的例子很多，各个年级、各个班级都有因为各种各样的压力而成绩下滑，甚至厌学的孩子。

很多父母不理解，孩子整天好吃好喝的，除了学习，还有什么压力？其实孩子和成人一样，都可能遇到人际交往、家庭环境、升学考试等各种压力。

一起来看看青春期的孩子有什么压力吧！

1. 青少年的学业压力

青春期是人生的关键阶段，此阶段的孩子心理承受能力弱，对细微事物高度敏感，却偏偏面临诸多压力，首先就是学业压力。当学业压力超出孩子的承受范围时，他们的情绪将受到严重影响，表现为烦躁不安、攻击性增强。为了缓解学业压力和随之而来的情绪问题，他们有的选择“躺平”，有的则会采取极端行为。

2. 人际关系带来的压力

随着年龄的增长，孩子逐渐成熟，开始对社会和人生有了更深入的认知。他们渴望与人交往，寻求认同感和归属感，这是心理成长的必经过程。然而，在这一阶段，他们的思想尚未完全成熟，又缺乏人际交往的技巧，因此常会遇到一系列人际关系问题。

青春期是一个充满矛盾和挑战的阶段。随着自我意识逐渐发展，孩子开始产生“成人感”，渴望独立和自主，与此同时，逆反心理也随之而来，他们试图摆脱父母的束缚，追求自己的生活方式。然而，这一时期的孩子又有很强的依赖性，在经济、生活和学习等方面仍需要父母的关爱和支持，无法完全独立。

这种矛盾的心理特点，使得孩子在面对父母的关爱和管教时，往往会产生叛逆和抵触情绪。此外，一系列心理变化也会影响他们与同龄人的关系，如何在亲情、友谊等人际关系中找到平衡，成为孩子成长过程中的一大挑战。

要在人际关系上取得平衡，孩子需要不断学习和成长，提高自己的人际交往能力，同时父母也要给予他们足够的关爱和支持，帮助他们度过这个关键阶段。只有这样，孩子才能逐步建立起稳定、和谐的人际关系。

3. 性发育带来的压力

青春期的生理发育速度非常快，好像乘坐了高速列车，而心理发展却像是步履蹒跚地行走在曲折的小路上。这种生理和心理的不平衡，让孩子感到内心矛盾重重，也给孩子带来了诸多问题，包括过早地涉及与性有关的行为，如早恋、性过错等。

父母过度满足孩子的物质需求，却往往忽略他们的精神需求；渴望子女成才的心情迫切，却鲜少与他们进行思想交流，很少关注他们的内心感受。但孩子在成长过程中，需要的不仅仅是物质上的满足，更需要精神上的关爱。父母如果能多关注孩子的内心世界，与其进行深入的思想交流，将会对孩子的成长产生深远的影响。

父母与孩子进行思想交流，有助于培养孩子的沟通能力，让孩子学会倾听和表达，不仅能为孩子的日后生活和工作打好基础，还有助于建立正确的价值观。父母可以指导孩子明辨是非，认识自己，培养良好品质，还能在交流中增进亲子关系。父母应及时发现和解决孩子的心理问题，在孩子遇到困难时给予关爱和支持。总之，父母应关注孩子的精神需求，多进行思想交流，为孩子成长提供有力的支持。那么父母该怎么面对孩子的压力呢？

1．理性看待学业压力

学生的主要职责是学习，适度的学习压力能为其带来积极动力，裨益颇多。然而，过重的学习压力，不仅会让孩子产生厌学情绪，还会严重影响他们的身心健康。因此，及时缓解过度的学习压力至关重要。

父母应以身作则，教导孩子正确对待学习，并帮助孩子设定切实可行的目标。此外，父母应加强与教师的沟通，及时了解孩子在学校的状况，以便有针对性地帮助孩子解决学习问题。父母还要为孩子营造一个良好的家庭环境和氛围，确保他们能在宁静的环境中专注学习。

“成绩并不是衡量你价值的唯一标准，所以不要把成绩看得过重。爸爸妈妈也是从你这么大过来的，所以明白你的压力。如果实在是觉得压力大，就告诉爸爸妈妈，我们可以一起想想办法，三个臭皮匠赛过诸葛亮，对不对？”

“对抗压力确实很困难，但是不拼搏一把，怎么能知道自己到底能做到什么程度呢？”

“我们现在不要求你万事争第一，也不要你跟别人攀比，但是要跟自己比，只要你每个阶段自己都比之前进步了，那你就是爸爸妈妈心中最厉害的！”

2. 建立和谐的人际关系

和谐的人际关系犹如调和剂，对于青少年健康人格具有重要意义。家庭成员应共同努力，营造温馨的家庭氛围，父母更是有为孩子创造和谐的家庭环境的责任。父母在教育孩子过程中，需运用恰当的方法，既不要溺爱，也不要过于严厉，而是要充分理解孩子，给予充足的自我空间，让他们学会独立思考。同时，父母要多与孩子沟通交流，根据其成长需求，以平等心态提供适当的引导和合理的帮助。

3. 倾听和理解

父母需要倾听孩子的心声，了解他们的困惑和压力，了解他们的学习情况、生活状况和情感状态，并给予积极的回应和支持。

“听说最近你们要进行小测验了，你有没有压力？”

“爸爸妈妈有没有能帮得上忙的地方？如果有，你一定及时告诉我们，我们一定全力支持。”

“明天是周末，咱今晚来一场母女‘卧谈会’吧！聊一聊最近一些开心与不开心的，或者有趣的事情啊，妈妈先说……”

4. 适度放松

孩子需要适度放松和休息，以缓解心理压力。父母可以安排一些轻松的活动，如听音乐、运动、旅游等，帮助孩子放松身心。此外，父母还可以鼓励孩子参加一些兴趣爱好小组或社团活动，培养兴趣爱好，扩充社交圈子，缓解学习压力。

“压力不要太大，放轻松，现在不是讲究松弛感嘛，太紧张了也许反而会影响你发挥呢！”

“你们学习最近这么忙，下课还有时间和好朋友一起玩吗？周末要不要约朋友一起来家里玩啊？”

“嘿！宝贝，你的作业做完了，我们一起出去运动一下吧！”

第七章

与孩子聊一聊自我安全意识与法律启蒙

与孩子聊一聊《未成年人保护法》

“妈妈，我今天看到电视上有个妈妈偷看她女儿的日记，你不会也偷偷翻过我的日记吧？”

“看看你日记怎么啦，小屁孩儿家家的，有什么事是我不能知道的？”

上初二的小兰有写日记的习惯，最近发现自己放日记的地方被人动过，于是试探地询问妈妈，结果却得到妈妈不以为然的回答，小兰立马确定妈妈偷偷看了自己的日记，于是很生气。小兰妈妈见女儿生气，连忙为自己的行为解释："我这不是为你好吗？平常你发生什么事情又不跟我说，现在好多小孩子学不好好上，早早地就谈朋友，万一你瞒着我和你爸在学校交男朋友了怎么办？”

“你这是不信任我！我平常学习都忙不过来，周末和放假还要上各种补习班、兴趣班，一学期快过去了，一个班的同学我都认不全，哪里有时间谈朋友！”

“那我这不是担心你嘛！反正你日记里又没有写什么不能见人的事情，我看看又怎么了！”

小兰看着妈妈冥顽不灵的样子，虽然十分生气，但又不能拿妈妈怎么样，只能关上门躲在自己房间生闷气。

其实这还真不是小事，往小了说，父母这一行为伤害了孩子的感情，不仅让孩子失去了一个正常发泄心中情绪的重要渠道，更让孩子失去了对父母的信任；往大了说——这违法了！

没错，私自截留孩子信件并进行阅读，或者翻阅孩子的日记等行为违反了《中华人民共和国未成年人保护法》第六十三条规定，任何组织或者个人不得隐匿、毁弃、非法删除未成年人的信件、日记、电子邮件或者其他网络通信内容。除下列情形外，任何组织或者个人不得开拆、查阅未成年人的信件、日记、电子邮件或者其他网络通信内容：

（一）无民事行为能力未成年人的父母或者其他监护人代未成年人开拆、查阅；

（二）因国家安全或者追查刑事犯罪依法进行检查；

（三）紧急情况下为了保护未成年人本人的人身安全。

法律是社会秩序的安全保障，也是公民人身权益的有效保障。法治宣传教育是提高全民法治素养、推进依法治国基本方略，也是建设社会主义法治国家的一项基础性工作。现在很多父母已经意识到了法律的重要性，也逐渐重视起对孩子进行法律知识的科普，市面上已经有很多配合富于趣味性的漫画、插画，并用简单易懂的文字进行普法教育的书，用来给孩子做法律启蒙还是很有帮助的。除此之外，父母还可以带着孩子一起浏览全民普法网、教育部全国青少年普法网等官方网站，学习法律知识。

在众多法律条文中，《中华人民共和国未成年人保护法》与孩子息息相关。父母向孩子科普法律知识的时候，就可以从《中华人民共和国未成年人保护法》入手，再循序渐进地培养孩子对其他法律知识的兴趣。我们可以从这几个孩子比较感兴趣的要点开始，跟孩子聊一聊。

① 老师不得辱骂孩子；

② 学校老师不能在教室里抽烟；

③ 父母不得让孩子辍学；

④ 烟酒不得出售给未成年人；

⑤ 询问未成年人应通知监护人；

⑥ 营业性娱乐场所不得允许未成年人进入。

以上几点都是《中华人民共和国未成年人保护法》中孩子可能会感兴趣的点，父母也可以和孩子一起聊聊感想心得。这样的学习和交流，可以让孩子明白别人的哪些行为是侵害了自己权益的，孩子可以拿起法律武器捍卫自己的权利。

与孩子聊一聊自我安全意识

天气变得阴沉，似乎要下雨，带着 7 岁儿子东东出来遛弯儿的张先生从公园往家走。公园里有很多大树，东东还想继续玩，就对爸爸提议不要回家，如果下雨就在树下躲避一下。

“那可不行，这是很危险的行为。”张先生断然拒绝。

“为什么？”

见儿子并没有意识到这种行为的危险性，张先生决定给儿子来场安全知识科普：“因为树木是容易被雷电击中的物体之一。当雷电击中树木的时候，电流就会沿着树干传导到地面上，如果这个时候人站在树下面，就会成为雷电的潜在目标。即使身体没有接触到树木，也有可能因为树干传导至地面的电流而受伤。”

“那下雨了要去哪里避雨呀？”

“打雷下雨的时候，我们如果在室外，就要尽量寻找建筑物躲避，或者是躲在汽车里，如果这些条件都没有，可以选择蹲下并尽量减小自己与地面的接触面积，以减少被雷击中的风险。”

像张先生这样利用生活中随处可见的事物，抓住碎片时间给孩子做安全知识科普，是值得很多父母学习的。

自 1996 年起，我国确定每年 3 月份最后一周的星期一为“全国中小学生安全教育日”。这一举措，是为了全面深入地推动中小学生安全教育工作，增强中小学生的自我保护能力和安全防范意识，是积极预防、降低和减少中小学生各类伤亡事故的重要举措，有利于切实做好中小学生的安全保护工作，促进孩子健康成长。

统计数据显示，意外伤害已成为 0—14 岁儿童健康的第一“杀手”，生活中处处存在着危险，如果我们能够及时地给孩子进行相关安全的知识培训，让孩子能够掌握更多急救知识，就可以规避很多危险。

父母是儿童的第一任老师，对儿童的行为方式有重要影响，父母的言传身教，能够使儿童安全意识得到有效强化。

现在我国儿童安全教育的发展现状如何？

我国越来越重视少年儿童的安全教育，但总的来说，对于少年儿童的安全教育还没有完全落实。一方面，虽然现在每年学校都要求孩子观看各种安全科普视频，暑假、寒假老师也总是安排孩子看视频做任务，但并没有引起父母和孩子的重视，很多父母和孩子仅仅把安全教育当作学校布置的一项作业，随便敷衍了事；另一方面，留守儿童大部分由祖父母或者外祖父母照顾，他们有的是年纪大了，不太会操作手机电脑，有的是根本就管不住孩子，导致留守儿童得不到相关安全知识的学习机会。

为了切实加强对少年儿童的安全教育，父母或其他家长可以利用与孩子聊天的机会，经常普及这方面的知识与技能。

第一，独自在外吃饭，离开座位一段时间再回来之后，饮料就不能再喝了，以防不法分子在其中投放有毒物质。

第二，坐公交或者地铁时，多留意身边的人和逃生通道。

第三，出门之前一定要和家人打招呼，告知去向。非必要晚上不要外出；如果必须外出，一定要有大人陪伴，且要走大路，不要走监控盲区。

第四，如果有老师单独找你，回家之后一定要告诉父母。

第五，如果有人欺负你，回家之后一定要告诉父母。

第六，走在马路上，如果有大人向你求助，直接拒绝并迅速走开，因为按照常理，他应该向成人求助。

第七，不要跟着别人走进任何陌生地方，比如陌生人的房间、私家车里或者其他地方，否则遇到危险时求救无门。

第八，当自己的生命受到威胁时，可以忽略其他的规则，拼尽全力保命。

第九，任何时候都不要放弃生命，生命对于每个人来说都只有一次，非常宝贵，所以要保护生命、珍爱生命。

第十，遇到任何危险或不明情况，一定要第一时间向身边群众或民警求助。

除了以上十条自保法则之外，还有一些孩子应该必备的安全知识。

1. 知道紧急号码：让孩子记住国家的紧急号码，以便在需要时立刻报警。

110——报警电话。遇到紧急情况，如遭遇盗窃、抢劫、打架等，就要及时拨打 110，讲清楚自己经历了什么事情，准确报明事情发生的地点，请求警察帮忙。119——火警电话。遇到着火，在确保自己安全的前提下拨打 119 报警，请消防队提供帮助。火警电话和报警电话都不能乱拨，否则要承担法律责任。120——急救电话。遇到突发急病，可以拨打 120，医院的急救车会以最快的速度赶来。122——交通报警电话。遇到交通事故拨打 122，讲明出事地点，交警会赶到出事地点处理问题。

2. 不与陌生人说话：教导孩子不要与陌生人交谈或跟随陌生人离开。

3. 火灾逃生：孩子应知道家里及周围的逃生路线和安全集合点，以及火灾中的逃生方法。

4. 游泳安全：在一般情况下，未成年人游泳一定要有成年人陪同，且一定要去正规的游泳场馆，不得私自下水游泳。

5. 道路交通安全：提醒孩子走斑马线过马路时要先停下来，再看一看左右，确保没有车辆，才能继续通过马路。

6. 不触碰陌生物品：告诉孩子不要接受陌生人的礼物或食物，也不要触碰不认识的物品。

7. 紧急联系人：让孩子知道怎么联系父母或其他紧急联系人，最好让孩子熟记父母的电话号码以及住址。

8. 防范火灾：父母要教导孩子学习如何使用灭火器，并教孩子火灾的预防措施，如不玩火、不乱动厨房灶具。

9. 健康习惯：教导孩子保持良好的健康习惯，如饭前便后洗手、健康饮食以及坚持锻炼。

10. 不要随便告诉别人个人信息：父母要引导孩子懂得保护自己的隐私，不要随便告诉别人自己的姓名、地址或学校等个人信息。

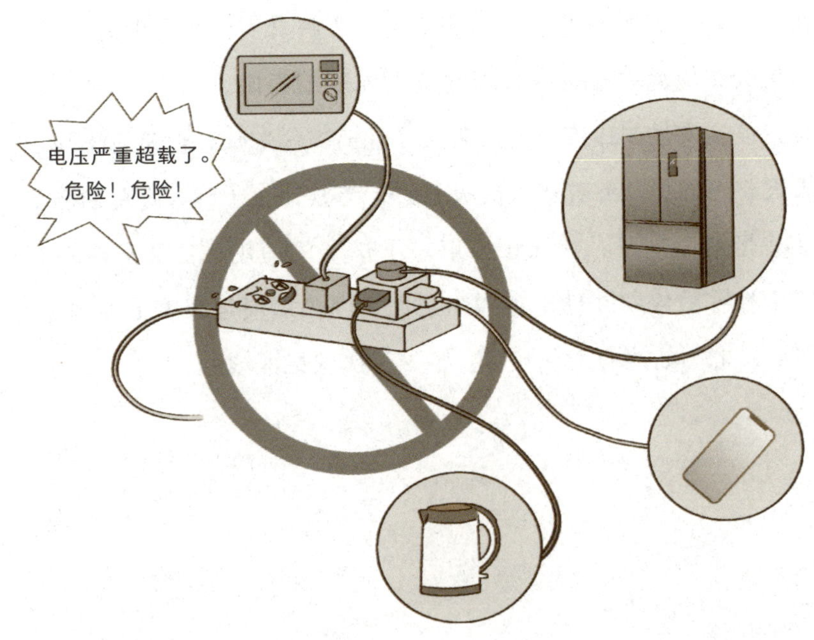

除了教会孩子各种安全知识之外，父母还要帮助孩子树立安全意识。现在很多学校的安全教育已经渐渐进入常态化，经常与公安、消防等机构合作进行一些安全教育的讲座和实践演习活动，那么家庭教育中要怎么配合，共同培养孩子的安全意识呢？

父母可以像前文中的张先生那样，利用身边遇到的各类事物，寓教于乐，让孩子产生联想，更快地记住相关的安全知识。除了这种现身说法的教育方式，父母还可以利用一些有趣的儿童安全知识科普视频，安全知识相关的绘本、玩具等，在日常生活、娱乐中增强孩子的安全意识。除此之外，父母还可以利用陪孩子玩游戏的方式，对孩子进行安全教育的科普和演练。比如玩角色扮演游戏，通过扮演交警和过马路的行人，溺水需要急救的人，消防员与遭遇地震、火灾等情况的小学生等情景模式，让孩子亲身体验一下该如何遵守交通规则以在各种危险的情景模式里该怎么求救、自救。

虽然保护孩子的安全很重要，但是也不能过度保护，禁止孩子接触可能存在“危险”的所有事物，让孩子失去了解真实世界和锻炼自己的安全技能的机会，应允许孩子在合理的范围内适当尝试。比如学习防范火灾的知识时，很多人强调让孩子远离明火，远离厨房炉灶，但是对于孩子来说，父母天天要用的炉灶有着莫大的吸引力，与其让孩子因为好奇偷偷地去玩，不如在父母的陪同下，让孩子了解一下炉灶的使用方法和危险性。总之，别让安全教育只停留在理论和知识层面，因为即使是跟孩子强调了一百遍安全知识，也不如他们亲身经历、感受一次记忆深刻。

与孩子聊一聊“校园欺凌”

2023 年 3 月 27 日是我国第 28 个全国中小学生安全教育日，今年的主题是“预防学生欺凌，呵护身心健康”。

本来应该是纯真、美好的校园，却存在着可怕的“隐秘的角落”，让父母如何不担心？幸好，2021 年 6 月 1 日起开始实施新修订的《中华人民共和国未成年人保护法》，在新增内容里第一次对校园欺凌进行了定义。

什么是欺凌？

《中华人民共和国未成年人保护法》指出，学生欺凌是指发生在学生之间，一方蓄意或者恶意通过肢体、语言及网络等手段实施欺压、侮辱，造成另一方人身伤害、财产损失或者精神损害的行为。教育部、最高人民法院等十一部委出台的《加强中小学生欺凌综合治理方案》也明确指出，中小学生欺凌是发生在校园（包括中小学校和中等职业学校）内外、学生之间，一方（个体或群体）单次或多次蓄意或恶意通过肢体、语言及网络等手段实施欺负、侮辱，造成另一方（个体或群体）身体伤害、财产损失或精神损害等的事件。

拒绝欺凌

哪些行为属于校园欺凌？

殴打、脚踢、掌掴、抓咬、推撞、拉扯等侵犯身体或者恐吓威胁的行为；以辱骂、讥讽、嘲弄、挖苦、起侮辱性绰号等方式侵犯人格尊严的行为；抢夺、强拿硬要或者故意毁坏他人财物的行为；恶意排斥、恐吓、威胁、逼迫、孤立他人，影响他人参加学校活动或者社会交往的行为；通过网络或者其他信息传播方式捏造事实诽谤他人、散布谣言或者恶意传播他人隐私的行为；等等。

很多父母并不明白何谓“校园欺凌”，觉得孩子之间的事情“没什么大不了”“都是孩子之间玩闹”。但父母要知道，孩子并不像成年人那样有着成熟的世界观、人生观，有着足以应对挫折的抗压能力。也许只是一次被嘲笑的经历，或是被别人恐吓、孤立的经历，就有可能让孩子陷入无法自拔的负面情绪深渊。受欺凌者身体和钱财受到的损失虽然可怕，但远远比不上他们心灵所受的创伤，这种伤痕往往无法弥补，受害者可能会出现心理异常或厌学情绪，严重的还会出现创伤后应激障碍，影响将来的生活、学习。

父母与孩子聊天的时候，要注意询问孩子有没有遇到过上述情况，如果遇到过，一定要及时向孩子的班主任及学校反映；如果孩子受伤，或者心理明显出现了问题，不要犹豫，一定要及时报警。同时，父母询问孩子的时候，一定要控制自己的情绪，不要过分激动。注意不要用逼问的语气，不然孩子有可能会认为是自己做错了什么，而不敢说出真相。

那么父母该如何询问孩子是否受到过欺凌？

首先，父母应该选择一个合适的聊天环境和时机，最好是在孩子放松的时候。其次，父母要把握技巧，如果直接问“今天有没有被欺负”“老师有没有批评你”之类的问题，孩子很可能因为各种顾虑而不愿意回答。父母在询问之前一定要让孩子明白，被欺凌并不是他的错，错的是那些施暴者，只要父母和学校老师知道施暴者的行为，就会对他们进行处罚。孩子只有对被欺凌有了正确的认知，才有可能对父母吐露实情。如果孩子并不知道自己当时遇到的就是被欺凌，那么父母可以用“别人家的孩子”举例子，来引导自家孩子：

“今天遇到张红阿姨，她家的孩子被一群高年级的学生堵在厕所里威胁……”

“小青今天哭着回家的，据说她在班级被人起了个难听的外号……”

“李阿姨的孩子，据说在班上被人孤立，结果得了抑郁症，严重到要辍学住院治疗……”

用“别人家的孩子”开头，如果孩子听完反应比较大或者直接说出自己也遇到过这样的事情，父母就能顺藤摸瓜，问清楚具体情况了；反之，如果孩子表现得很平静，或者仅仅表现出愤慨、同情或担忧，那说明孩子可能没有遇到类似的麻烦。

如果孩子在学校真的遇到了欺凌，父母要怎么教育和帮助孩子？

犯罪心理学专家李玫瑾教授在参加中央电视台《开讲啦》节目的时候，有观众对她提出了这样一个问题：“如果您的小孩有一天跑过来跟您说‘我同学欺负我，他们打我’，您会不会跟他们说‘打回去’呢？”

李教授很坚定地说：“打回去。孩子要有不伤人的教养，但也要有不被伤害的气场。我们现在所接受的教育，遇到问题总是先让孩子自我反省，这反而纵容了一些不良行为，最终导致校园暴力事件不断发生。”

当然，李教授提出的“打回去”并不是简单的“以暴制暴”，而是希望孩子们学会自我保护。“打回去，我支持你”不是纵容暴力，而是用另外一种方式减少暴力事件的发生；除了这种方式，更重要的是父母和老师要对孩子进行正确的教育和引导。

李教授还对父母给出了两个建议：

第一，要让孩子知道，什么事情不能做，越有力量越不能欺负比你弱的。

第二，要帮助自己的孩子避免被别人欺负，可以让孩子从小进行体育锻炼，通过坚持运动提高力量，这样就不容易被别人欺负。

这个言论一度在网络上引发热议，很多父母表示赞同，也有父母表示反对。

如果是孩子间普通的冲突，在孩子没有受伤的情况下，父母可以先让孩子自己处理冲突，这是锻炼孩子处理人际关系问题的好机会。如果需要父母介入，父母就可以引导孩子看到冲突点，看到对方的感受和需要，引导他们自己想办法解决冲突，在需求方面达成一致。如果是对方恶意攻击导致孩子受伤，在第一次动手后，父母要告诉孩子应该大声说出自己的愤怒，并要求对方道歉；如果对方仍然持续攻击，那就让孩子勇敢地打回去；另外还要告诉孩子，如果对方比你高大强壮，打也打不过的，就不要硬碰硬，要赶紧逃跑，第一时间告诉爸爸妈妈和老师，一定要让孩子知道，父母和老师永远是他们最坚强的后盾，不论什么时候，不论他在哪里，都不要委屈自己，因为没有任何人有权利随意伤害他。

父母对孩子说“打回去”的同时，还要跟孩子说清楚“打回去”的 3 个原则。

1. 不使用危险物品，比如刀、玻璃、砖头、石头等，容易造成严重伤害。

2. 不打敏感部位，比如头部（尤其是太阳穴）、眼睛、鼻子、脖子等，容易造成重伤。

3. 反击起到震慑作用即可，不过度反击，以免造成不可挽回的结果。

与孩子聊一聊防诈骗

最近几年各种电信网络诈骗的案例屡见不鲜，骗子的诈骗手段更是层出不穷，让人防不胜防。现在网络发达，未成年人首次触网年龄不断降低，很多骗子就盯上了他们，专门对一些中小学生进行诈骗。骗子使用的很多套路大人都防不住，孩子更是没有办法辨别，因此成了骗子们的重点诈骗目标。

套路一：网络游戏诈骗

1. 游戏币、点卡虚假充值

暑假时，在家休息的初中生小亮迷上了一款游戏，这款游戏需要充值游戏点卡来购买道具。游戏期间，小亮打听到一个可以用更优惠的价格购买点卡的非官方渠道，于是便在某 App 上寻找卖家，根据卖家发布的广告加入一个 QQ 群，并按照群管理的引导，在某网址上购买了游戏点卡。但转账支付后，小亮却未收到相应的游戏币。小亮询问“客服”，客服声称需转账 900 元才能激活账号。之前已经充值了 200 元，小亮虽然已经起疑，但还是按对方要求转账了。小亮数次转账后，客服仍以“身份证错误”“账户超额”等理由要求小亮继续转账，到了此时，小亮才明白自己遇到了骗子，但此时小亮已经给对方转账 4000 余元。

2. 游戏账号、装备虚假交易

近日，初中生小红在玩某游戏时，收到了一名游戏玩家的私信。这名玩家称想买她的游戏账号，并请求添加小红的 QQ 好友详谈。小红添加对方为好友，商议好以 1500 元的价格卖出自己的游戏账号。随后对方以找中介交易为由，推荐其添加另一“中介”QQ 号。中介让小红发送收款码后，称不能直接支付，需要认证才能转账，随即指导其使用家人手机查看银行卡资产和信息，以进行身份认证。中介告诉小红，她会收到身份认证验证码，把验证码告知对方就可以认证成功。小红拿了自己爷爷的手机，对爷爷说是用手机查点儿东西，爷爷没多想就把手机给她了。小红顺着“中介”的指导一步步操作，在将验证码告知对方后，却收到银行卡扣款的短信。

小红这才发现被骗，损失了 20000 元。

3．升级代练游戏账号

高一学生小赵平时喜欢玩游戏，为了提高账号等级，小赵前后花费了近 5000 元，为自己的游戏账号购买了不少装备。近日，小赵在游戏中认识的一个网友称可以为小赵提供免费代练，帮助小赵尽快升级。小赵平时玩游戏的时间有限，但又想快速升级，心动之下，便将自己的游戏账号、密码、手机验证码等信息告知对方，请求对方代练账号。过了几天，当小赵尝试登录自己账号，查看升级情况时，却被告知密码错误，无法登录。小赵马上联系代练，向对方询问情况，对方称如果想要回账号、密码，需要支付 200 元，迫于无奈，小赵将钱转账给对方。可是，对方又说由于账号被盗，需要再次支付 200 元才能追回，小赵只能将钱再次转给对方。然而收到 400 元转账后，对方却玩起了消失，不再回复小赵。小赵这才察觉自己被骗，于是报案。

套路二：通过QQ、微信冒充老师诈骗

张先生的儿子刚上初一，老师和家长们便建立了一个 QQ 群方便日常联系。近日，群消息提醒“庞老师”发来通知：“各位父母中午好，本学期学校通知收取学杂费、资料费、新学期第一月餐费，共计 3500 元。以下是学校财务收款码，请各位父母通过扫码的方式进行缴费，付款截图发群里备注学生姓名。”该账号的头像和昵称与本班班主任的头像和昵称一模一样，张先生和其他父母不疑有他，纷纷按要求扫描二维码进行转账。直到真班主任庞老师发现问题并在群内澄清时，张先生和各位父母才发现被

骗了。

案例分析：

1. 骗子一般通过为微信用户提供所谓的“清理僵尸粉”、查快递等实用小方法的方式，诱骗微信用户扫描二维码。该二维码实际是电脑版微信的登录码，确认登录后，骗子便完成了对此微信的控制。骗子通常使用这种方式获取“父母群”等信息，下一步便是潜伏进群。

2. 伪装进群后，骗子会暗中观察，他们不仅能分辨出哪个是“班主任”，更能掌握老师的活动规律，为诈骗找出“时间差”。

3. 最后，骗子会利用老师上课、批改作业等不接触手机的“黄金时间”实施诈骗，用提前克隆好的“班主任”账号发布各类“缴费”信息，并要求家长尽快完成转账。此时，群里便会出现两个一模一样的“班主任”，如果家长没有提高警惕、细心甄别，就容易掉入诈骗陷阱。

想要避免孩子遭受网络诈骗，父母应多关注孩子的网络使用情况。孩子涉世未深、阅历不足，而网络空间纷繁复杂，骗子为了行骗，更是花言巧语、花样百出，孩子很容易上当。因此，父母要格外关注孩子平时的上网情况，引导、教育孩子不要轻信网络上陌生人的花言巧语，不轻易扫陌生人发来的二维码，更不能把验证码发给别人，不给不法分子进一步设圈套的机会。

除此之外，父母要保管好手机，不要轻易将银行卡号、密码、验证码等重要信息告知孩子，孩子如果确有使用这些信息的需要，也要在父母的陪同和帮助下进行使用。父母还要谨慎开通免密支付、快捷支付、面部识别支付等功能，切不可为了一时的方便而忽略了网络安全隐患。

父母还要给孩子做好反诈骗教育，不法分子的诈骗手段更新升级很快，请父母下载“国家反诈中心”App、关注当地的官方反诈微信公众号，多和孩子一起看一些最新的、常见的诈骗骗局的科普视频，增强孩子的防骗意识和识骗能力。

父母一定让孩子牢记：

第一，不要随意添加陌生人微信、QQ ，不要随意和陌生人聊天。

第二，不给任何陌生人提供自己的密码、照片，不跟陌生人视频、语音，保护好自身安全和自身信息。

第三，不要扫描不明的二维码、点击陌生的网页链接。

第四，与人聊天时，如果对方询问与金钱、隐私相关的问题，或者遇到亲朋好友突然借钱或寻求其他帮助，一定要先告诉父母，请父母帮忙判断。尤其要让孩子引起注意的是，现在AI技术已经非常成熟，在你与“熟人”视频通话的时候，也许对面就是利用AI技术伪装出熟人样貌的犯罪分子。

第八章

与孩子聊一聊“钱”

与孩子聊一聊金钱价值观

《史记》中有这样一段话:“天下熙熙，皆为利来。天下攘攘，皆为利往。”

与金钱相关的话题对于成年人来说是再平常不过的，对于孩子来说却是尚未涉猎的未知领域，你们是否思考过如何培养孩子的金钱价值观?

女儿4岁时，有一次想让我给她买玩具。因为家里长辈对她有求必应，所以家里已经有很多玩具，有的甚至还没有拆封，于是我拒绝了她。她问我为什么，我敷衍她说妈妈没钱。没想到她却说，手机一扫不就有了吗?我哭笑不得。更没想到的是，我的小外甥也很赞同她的说法。外甥都上二年级了，却不知道钱是从哪里来的，对金钱没有形成正确的观念。这不得不让人反思——我们是不是从来没有跟孩子好好聊一聊金钱的话题?

在这个快速变化的世界中，金钱价值观对于孩子的成长至关重要。那么我们应该如何与孩子谈论金钱的话题，如何帮助他们在成长过程中建立正确的金钱观念呢?

随着年龄的增长，孩子在金钱方面也会产生需求，如果父母不及时加以正确的引导，孩子可能会产生攀比意识;如果父母又心疼孩子，一味地满足、纵容孩子，那么孩子可能会形成错误的金钱价值观。如果父母能够及早地跟孩子说明家庭的经济情况、消费水平，并且清楚地告知孩子一些

物品的价值，让孩子接受大量的金钱概念，从小养成理财的习惯，那么孩子就能掌握合理满足自己需求的度，而不是一味地跟人攀比，让虚荣心日益增长。

有些父母喜欢对孩子哭穷，或者对孩子炫富，再不然就是一味地强调自我牺牲，这些其实都不可取。

跟孩子哭穷的父母，也许家里经济情况尚好，只是怕孩子养成铺张浪费的习惯，所以他们便在孩子面前哭穷，希望孩子可以合理掌控自己的需求。但一味地对孩子哭穷，孩子就会对家里真实情况的认知出现偏差，无意识中就会觉得矮别人一头，心生自卑。有的孩子甚至会产生罪恶感，一要花钱，就觉得自己是个“罪人”。有的父母因此对外说我家孩子很懂事，从来不乱花钱，但是这种“懂事”是合理的吗？其实，这种“懂事”并不是什么好的现象，这在一定程度上反映了孩子的心理压力，严重的甚至会成为孩子一辈子的阴影，影响孩子今后的发展。

对孩子炫富的父母可能采取的是“富养”式教育，这种教育会让孩子觉得自己家里有的是钱，什么事都能用钱“摆平”，难免自我膨胀。长此以往，孩子可能会觉得挣钱很容易，于是形成铺张浪费，好吃懒做的习惯。有些孩子会觉得钱是万能的，以致做出出格的事情，严重的甚至触犯法律。

而一味强调自我牺牲的父母，实际上是对孩子进行了“道德绑架”。这种教育方式就像是一根绳索，束缚住了孩子的手脚。这类父母通常让孩子觉得自己做的一切都是为了孩子做出的牺牲，甚至要求孩子报答这种“牺牲”。实际上，父母过度强调自己在孩子身上的付出，往往会让孩子产生负罪感，孩子一旦不能满足父母的要求，就会感到巨大的压力，甚至无法正确地取悦、接纳自己，最终出现各种心理疾病。笔者就见过类似的父母。他们一味地跟孩子强调自己的付出，整天跟孩子强调为孩子花了多少多少钱，结果孩子在父母的影响下出现了心理健康问题。孩子成年之后，还清了父母的“抚养费”，毅然决然地与父母断绝了关系，此时父母已是悔之晚矣。

因此，父母跟孩子聊钱的时候，一定要掌握好度，过犹不及。父母适当地要求孩子节俭没有问题，但过分哭穷就会让孩子产生自卑心理；同样地，过分炫富，一直无条件满足孩子的各种要求，也会让孩子形成错误的金钱价值观。

那么父母该如何对孩子做出正确的引导呢？

我们要明白，孩子对于金钱的看法和价值观大多是在潜移默化中形成的。孩子从小就会观察父母的消费行为和理财方式，这些都会影响他们对金钱的看法。当孩子长大后，他们也会逐渐形成自己的消费观念和金钱价值观。

我们可以让孩子了解到金钱的来之不易，告诉他们要珍惜父母的劳动成果；也可以帮助孩子了解如何制定预算，合理分配自己的零花钱，还可以设身处地地教育孩子如何储蓄和投资，为未来打下基础。

我们可以从简单的问题开始，例如询问孩子对于购买玩具或者零食的想法，了解他们是否明白这些物品的价值等。通过这些问题，我们可以引导孩子思考金钱的价值和作用。

在日常生活中，我们可以向孩子传授一些基本的理财知识。孩子在不了解金钱的正确价值时，可能会产生不切实际的需求，父母可以带领孩子一起参与家庭消费活动，培养孩子对各种日常用品的价值的认识，同时学会合理地消费，在实践中逐渐养成勤俭节约的好习惯。父母还可以带孩子一起玩买卖的小游戏，将大面额的金钱换算成孩子熟悉的东西，通过这种方式向孩子展现金钱的价值。

父母还可以引导孩子观察日常中周围人的职业，比如小区保安、保洁，社区医生、学校老师等，让孩子明白，不同职业的收入都是通过相应的劳动而得到的。孩子看过生活百态，理解财富是通过努力创造的，才能更好地建立正确的金钱价值观。

与孩子聊一聊爸爸妈妈的收入

前几天，邻居跟我谈到了最近的一则新闻。新闻里说，有个 14 岁的男孩将父母的全部积蓄都打赏给了网络主播。邻居感慨，现在的孩子真是了不得，动不动就拿钱去打赏主播，也不管父母挣钱有多不容易。

之前也在网络上看过类似的报道，这些孩子的表现很让人担心。由这些事件可见，从小开始培养孩子的金钱观价值观是多么的重要。

父母不妨跟孩子聊一聊关于收入的话题。可以从询问孩子知不知道父母的工资有多少来展开，也可以让孩子猜一猜家里的收入来源都有哪些。

“我们知道你一直好奇家里的收入来源，今天我们就来聊一聊这个话题。首先家里最主要的经济来源是爸爸妈妈的工资。爸爸经常出差不在家，你总抱怨爸爸不能经常陪着你，因为他是去外面工作了。为了工作，他必须付出时间和劳动，才能得到报酬。其次是妈妈的工作收入，妈妈每天不仅要工作，还要照顾你和操持家务，妈妈的收入也是辛苦劳动得来的。最后，我们的收入还有一小部分是家里存款的利息和一些理财产品的收益之类的。这就是咱们家所有的收入来源了。

“有收入自然就有支出。收入是我们赚到的钱，支出就是花出去的钱。

我们家每月最大的支出是还银行贷款，因为买房子时，我们家拿不出全款购房的钱，所以只好跟银行贷款，然后每个月还给银行一定的钱。按照合同，我们要还很多年。除了这笔贷款，就是日常生活的开支。这类支出的类型比较多，比如每月的水费、电费、燃气费，换季的衣服、卫生纸、洗衣液、牙膏牙刷等日用品的费用，还有购买柴米油盐酱醋茶，水果、蔬菜、肉类等支出，还有其他的比较零碎的支出。除此之外，如果家里有人生病，看病吃药也是一笔很高的支出。

“如果爸爸妈妈的收入跟家里的支出平衡，或者有盈余，我们就可以拿盈余的钱去做储蓄或者投资；如果咱们的收入和支出不平衡，支出超过了

收入，那么我们就要向别人借钱来维持生活，这就是负债。

“现在我们可以让你来体验一下财务管理。爸爸妈妈现在任命你为咱们家的‘采购官’，这里是一百元用来购买今天要吃的蔬菜、水果和肉，你可以根据家里人的口味爱好，先列出购物清单，然后爸爸妈妈陪你去超市。所有购买的东西不能超过总预算，如果还有剩的话，就是给你的奖励了，你可以买自己喜欢的东西。”

这是一种与孩子聊家庭收支的好方式。如果是低龄的孩子，父母可以把买菜换成买其他东西，将 100 元分成 10 份，然后让孩子买十种不同的东西，最后带领孩子比较买到东西的多少，这样也可以让孩子直观地看到物品的价值，理解物品与金钱的关系。以后孩子想要买一件价格超过其价值的东西时，就可以拿这次的经历直观地跟孩子说明：A 和 B 都是你喜欢的东西，但是同样的钱 A 只能买一个，B 可以买十个；得到一个 A 和得到一个 B 的快乐是一样的，那么拿相同的钱，你是想要一份快乐，还是十份快乐呢？孩子有了直观的比较，自然就容易被说服了。

低年级的孩子一般都很喜欢这种活动，乐于参与。如果孩子已经读中学，这种活动难度较低，吸引度不够，那么父母也可以在家庭会议上提出难度更高一点儿的活动，比如让孩子参与家庭经济管理，做一个月的家庭财政官。

言归正题，还是回到最初的话题上来。

相信很多父母跟孩子聊家庭的收入情况，就是为了让孩子明白钱不是大风刮来的，希望孩子能够珍惜钱财，正确使用钱财。当然，无论说多少大道理，效果都不如让孩子亲身体验父母的辛苦来得立竿见影。平时可以让孩子参与到家务中，特别是全家大扫除的时候，让孩子明白，一个看似简单的大扫除，都要花费一天甚至两三天的时间才能做完，还需要花费很大的体力，忍受脏污。那些做清洁工的阿姨叔叔，一个月其实才几千元，让孩子明白钱的来之不易。也可以给孩子一些劳务费，做多少家务得多少钱，做不好扣钱，孩子更能直观地体会到赚钱的不易以及父母操持家务的不易。但是，笔者不提倡让孩子次次都用做家务的方式获得“报酬”，因为做家务本来就是一个家庭成员应该承担的义务，是孩子分内的事情，如果孩子是为了钱去做家务，那么做家务就变成了一种交易，从而降低孩子肩负起自己的家庭义务的责任感，也会影响锻炼孩子的效果。

或者趁着寒暑假带孩子练摊，练摊活动还能升级一下，如形成借贷模式，孩子的先期投入资金由父母借贷给孩子，双方协商好还款日期与利息，趁此机会，父母还可以跟孩子科普一下借贷知识。最后约定，孩子的小生意要自负风险与盈亏。对孩子来说，最后不论是盈余还是负债，这次练摊都是一次不错的体验。

总之，通过自己的劳动换来的金钱，孩子自然会觉得得来不易，也能切实理解父母的辛苦，自然就不会乱花钱了。

与孩子聊一聊他的零花钱

父母一般都比较注重孩子的学习和生活，很多父母觉得没必要和孩子谈钱，孩子大了自然就知道了。其实这种观念早已经过时了。

实际上，孩子上小学后，就有必要开始给他们零花钱了。因为零花钱不仅能满足孩子的物质需求，还能满足他们的社交需求、心理需求。

孩子约着小伙伴一起去小卖部，购物后彼此分享，就像大人们分享、交流逛商场或者网上购买的各种东西一样，也是一种社交活动。

此外，引导孩子合理使用零花钱是培养孩子财商的好机会。及时给孩子科普理财知识，培养孩子的财商，有利于孩子形成正确的金钱观。有些孩子还能在拥有一定经济条件后，自行找到“钱生钱”的方法，处理好自己的经济问题。

很多父母担心孩子刚开始自己支配零花钱时会大手大脚，其实这是很难避免的。孩子刚开始接触金钱，很多概念都不具备，所以就会乱花钱。

很多父母因此不愿意早早地让孩子自己支配零花钱。不给孩子零花钱，孩子确实不会乱花了，但这也是治标不治本的。现在很多家庭都是好几个长辈宠着一个孩子，你不给孩子零花钱，他会跟别的长辈要钱买东西。有的孩子还会趁大人不注意，直接拿大人的钱去买东西，最后甚至演变成偷窃。所以我们还是要从根源上解决问题，与其约束孩子的消费行为，不如让他学会如何处理自己的欲望，从小就学会正确规划零花钱的使用。

该怎么引导孩子规划自己的零花钱呢？

两个原则：认识该买的，认识不该买的；什么是该买的，什么又是不该买的呢？

这里可以引用经济学上的两个概念帮助孩子理解：需要和想要。

需要：空气、水、食物、住所等。这些东西属于人的基本需求，没有这些我们就无法生存。

想要：糖果、玩具、游戏用品、宠物等。这些是我们想要的东西，但是没有它们，我们还能生存。

总的原则：先把钱花在需要的东西上，再把钱花在想要的东西上。

大部分低龄的孩子依靠父母生存，生活必需品都由父母准备好了，这方面的需求已经满足了。所以这个阶段的孩子首要的是学会区分什么是“真的想要”，什么是“假的想要”。

一次，我带孩子去超市，孩子看到一个挺贵的玩具，想都不想就要买。实际上，我们家里已经有很多类似的玩具了。在这之前，她也看上一件很贵的玩具，我没有买，她当时不太情愿地答应了，结果第二天我竟然看到她在家玩那个玩具，一问家里人，原来是她缠着爷爷带她去买回来了。因为上次的“教训”，我没有直接阻止她，而是采用迂回战术。

我先带着她在其他区域转了一圈，又转回到玩具区，这时我估计她对买新玩具的热情冷却一些了，就引导她：“你看你购物车里的这个玩具，家里是不是有好几个类似的了，之前叔叔给你买的那个是不是跟这个差不多？是不是可以换成你没有玩过的玩具？你看那几个你是不是都没有玩过，而且你买这一个的钱，都够买那几个新玩具的了。”

孩子这时候就开始思考了：是坚持买自己先前拿的这件，还是选择其他的玩具呢？孩子开始思考，就是财商增长的表现。最终不管孩子是随着父母的引导买了别的东西，还是坚持了自己的想法，都是他们成长的过程，父母不必着急让孩子一下就明白什么是重要的、该买的，什么是不重要的、不值得买的。想想我们小的时候，不也是慢慢成长起来的吗？

进一步说，怎么具体跟孩子聊聊他们的零花钱呢？怎么做才能让他们不乱花钱呢？首先，父母可以跟孩子聊一聊：你为什么有零花钱？

父母可以告诉孩子，你现在的主要任务是学习、成长，还不到赚钱的时候。但是你也是咱们家的重要一员，所以爸爸妈妈会将家庭收入的一小部分作为零花钱给你，由你自由支配。爸爸妈妈希望你能好好利用这笔钱，让它为你的生活带来好的影响，也希望你能从这小小的金额开始学习如何管理和支配自己的零花钱，因此你使用零花钱的时候要多多思考，谨慎决定。这也是为你以后更好地独立生活打好基础。

其次，父母要跟孩子聊一聊：零花钱从哪里来？

父母可以根据孩子的需求，制定合理的零花钱金额。比如可以每周给孩子 5 元且约定不因为孩子做错事或者父母发脾气等原因取消。在孩子的成长过程中，零花钱的金额可以随着孩子物质需求的变多而增长。

父母还可以鼓励孩子存钱，让他们把零花钱存到存钱罐里或者电子账户里，每年或者每月查看金额，达到一定金额，父母可以给孩子发放一定的“利息”作为奖励。这可以让孩子理解储蓄的重要性。

如果孩子想要的东西金额比较高，自己的零花钱不够，可以允许孩子在合理的范围内超前消费。可以由孩子向父母借一笔钱，父母可以评估孩子有没有还钱能力，并决定借不借钱。还可以在空闲时带孩子去练摊，参加社区的跳蚤市场等，让孩子靠自己的劳动赚零花钱。

最后，父母可以跟孩子聊一聊：怎么用零花钱？

孩子具体怎么花，父母不干涉，但是爸爸妈妈可以给一些建议，将零花钱分成三部分使用：

1. 当自己取得进步时可以奖励自己，买文具、玩具、零食、小饰品等作为奖品送给自己。

2. 可以将一部分零花钱存到存钱罐或者寄存到父母手上，以备将来的大额开支或紧急情况。

3. 向他人表达爱，如买礼物送给家人、朋友等，也可以通过捐赠或者慈善活动来帮助需要帮助的人。

值得注意的是，孩子的压岁钱最好不要交给孩子。因为现在许多家庭经济条件好了，逢年过节，走亲访友，孩子收到长辈的压岁钱和礼金金额比较大，已经超过孩子支配财富的能力了。这笔钱可以作为孩子以后的教育和生活经费，父母可以暂时帮忙保管，或者在银行单独开一个账户给孩子存储这笔钱，但是父母一定要跟孩子说清楚，取得孩子的同意。如果父母临时要使用这笔钱，也要跟孩子说明白，为什么要挪用，什么时候给孩子补上。不要因为孩子小，大人就把孩子的钱据为己有，这样会让孩子觉得不受尊重，觉得自己对于财富没有支配权，最终带来一系列的负面结果。

另外，父母可以给孩子准备一个小账本，让孩子把自己的消费记录下来，让孩子养成记账、理财的好习惯。

与孩子聊一聊消费观

有一次，我跟孩子一起去超市，听到不远处货架后面传来嘈杂声，原来是一个三四岁的小男孩正躺在玩具区的地上哭闹，一旁还有两个大人，看样子是他的父母。孩子的母亲蹲在孩子跟前劝哄孩子，孩子爸爸则指着孩子吼："别管他！让他哭！"看起来很生气的样子。

我指着那个躺在地上哭的孩子打趣我女儿："你看看那个小弟弟像不像以前的你啊？"

"我才不会打滚哭呢！"

"你现在是不打滚哭了，可是你上小学之前，想要玩具我们不给你买时，你的表现就跟这个小弟弟一样的！"

"那我现在不是不这样了嘛。"

"为什么？"

"如果我想要玩具，可以自己买啊！"说着，女儿拍了拍她的小包包。

"如果你的钱不够呢？"

"那我就跟你们借一点儿，再慢慢还上。"

听到女儿这样说，我心中真是感慨万分。经过将近一年的金钱价值观培养，孩子财商方面总算是有成效了。如果不及早地给孩子建立正确的消费观，之后孩子就会经常上演各种撒泼耍赖的闹剧，用哭闹来要挟父母满足他们的物欲。

孩子在成长的过程中，认知能力渐渐提高，自我意识变得更加强烈，欲望也会更加膨胀，想要拥有的东西也更多。想要拥有富足的物质条件，这是每个人与生俱来的天性，对待孩子的物欲，父母不能粗暴地束缚或拒绝。从心理学的角度出发，孩子对物质的需求，其实都表达着一定的心理需求。父母简单粗暴地拒绝孩子的需求，很容易让孩子觉得自己不被父母"爱着"，孩子可能会因此感到自卑。

当然，父母既不能粗暴地拒绝孩子的消费要求，也不能无底线地满足孩子。

大部分孩子其实很敏感，像商场里躺在地上哭闹的孩子，就是抓住了大人在公共场合抹不开面子的"弱点"。他们大哭大闹时，父母总会因为觉得丢脸而先败下阵来，不得不满足孩子。孩子得逞之后，一般都会变本加厉，之后再遇到想要的东西或者有别的要求，想要父母满足自己时，就会立即开始哭闹撒泼。

心理学上有一个“棘轮效应”，也叫“制轮作用”，指的是人的消费习惯一旦形成，就具有不可逆性，而且很容易向上调整，不容易向下调整，其习惯效应非常大，简单概括就是古人说的“由俭入奢易，由奢入俭难”。总被无条件满足的孩子，心理上就会产生“棘轮效应”，父母对孩子满足得越多，孩子想要的就越多。一旦父母拒绝孩子的要求，他们甚至可能会对父母心生怨恨。这并不是危言耸听，曾经就有孩子啃老虐老的新闻，其中很多家庭都是因为父母在孩子小的时候予取予求，导致孩子长大后不愿意付出自己的劳动，只想向年迈的父母要钱。

《增广贤文》中说：“养子不教如养驴，养女不教如养猪。”不教他俭朴，他必奢华；不教他辛勤，他必游惰；不教他忍耐，他必愤争；不教他谦恭，他必倨傲。所以有远见的父母要在孩子还小时就开始培养孩子的理性消费观念。

父母应该怎么跟孩子聊消费观这个话题呢？其实在与孩子聊零花钱的时候，我们已经提及这个问题。具体总结来说，可以从以下这几个方面入手。

1. 劳动和报酬。让孩子明白，人们只有通过努力工作和劳动，才能获得报酬和财富。这可以帮助他们理解，为什么大家都需要工作，以及大家赚钱的方式又是什么。

2. 消费和储蓄。让孩子明白，我们需要将一部分收入用于生活必需品和娱乐，但也要储蓄一部分以备将来之需。

3. 爱心和慷慨分享。让孩子明白，我们应该慷慨地分享我们的财富和资源，去帮助那些需要帮助的人。

4. 投资和增值。让孩子明白，我们应该将一部分财富用于投资，以获得收益。

这里给父母推荐一些有利于培养孩子财商的书籍:《小狗钱钱》《富爸爸穷爸爸》《慢慢变富》《钱从哪里来》《纳瓦尔宝典》。这些书籍内容很经典，适合年龄大一点儿的孩子看。除此之外，在闲暇之余，父母还可以跟孩子玩一玩大富翁游戏。大富翁游戏不仅可以让孩子在花钱、找钱的过程中锻炼数学计算能力，还能让孩子了解一些基本的财务概念，一举多得。

第九章

与孩子聊一聊人生

与孩子聊一聊关爱能力

跟女儿一起看动画片的时候，我被一部动画片感动了——《布鲁伊》。这部动画片的主角是澳洲牧牛犬布鲁伊一家，其中有一集讲的是妹妹宾果生病住院了，不能回家，心情很沮丧，妈妈给宾果带来了大家给她准备的礼物——一部有趣的故事小短片，而故事里所有的角色都是由布鲁伊家的亲朋好友扮演的。小短片拍得有趣又欢乐，让人忍不住羡慕这群小狗狗的生活。

在这个快节奏的社会中，我们常常忽略了身边人的感受，像这样为了安慰一个生病的孩子，一大群亲友特意去费时费力地拍故事视频的能有多少呢？

现在，很多人都住进了高楼大厦，从前住在小院子里时热乎的邻里情似乎消失了。家里长辈总感叹，住在平房小院儿的时候，邻居见面打招呼可热情了，到了饭点，总是亲切地邀请对方来家里吃饭，哪儿像现在，天天一回家就关着门，对面住的是谁都不知道，别说打招呼来往了。

如今的孩子大多数都是独生子女，大部分孩子对人都有礼貌并且懂得关爱他人，但是也确实有一部分孩子只关心自己，对待别人很冷漠，甚至对自己的父母都漠不关心。是这些孩子天生如此吗？不，孩子对待他人的态度，在很大程度上是取决于孩子所处的环境和所受的教育。所以父母应当多进行后天干预，培养孩子关爱他人的能力。

那么，父母应当如何培养孩子的关爱能力呢？著名教育家苏霍姆林斯基说过："爱的教育是整个教育的主旋律。"

在日常生活中，父母要让孩子感受到家庭成员相亲相爱的具体表现，并且让孩子融入其中，用真挚的爱心、感情和行为去对待他人，给孩子做好榜样。

比如，家里买了什么好吃的水果、点心，首先就让孩子拿着去送给长辈吃；遇到父亲节、母亲节等各种节日，父母可以带着孩子一起给孩子的爷爷奶奶、外公外婆准备节日礼物；家庭成员过生日时，父母也要带着孩子给寿星准备礼物。要让孩子明白，礼物的重要性不在于贵不贵，而是在于那一份心意，那份仪式感。

值得注意的是，孩子把好吃的先拿给长辈吃的时候，很多家庭中的长辈都因爱护孩子而推辞说："我什么没吃过，都给孩子吃！"长辈们是一片好心，可以理解，但其实对于许多孩子来说，长辈接受自己的爱心，比吃到好吃的更重要。所以我们可以和长辈们说清楚，这种做法可能会让孩子变得自私，觉得长辈们对自己的好都是理所当然的，长此以往孩子可能会变成一个不知道感恩的人。

尊老爱幼，孝老敬老，这都是我们国家的传统美德，在日常生活中，我们要注意多多主动引导孩子。

比如我们购物回来后，手里总是提着很多东西，这时就可以跟孩子说："哎呀，今天买的东西好重啊，你能帮我提一下吗？"拿快递的时候，也可以让孩子帮忙拿点儿他们拿得动的东西，时间长了，孩子自然就会养成帮助他人的好习惯。

父母还可以带着孩子参与社区活动，帮助需要帮助的人；也可以和孩子一起做一些关爱他人的事情，比如给慈善机构捐款、帮助邻居等。除此之外，父母还要教会孩子珍惜身边的人与物，当孩子自己得到帮助时，要对身边的关爱与帮助心存感激。长存感恩之心，可以促进孩子积极回报这份爱，真正学会关爱他人。

美国家庭治疗大师萨提亚写过一首很著名的小诗——《如果你爱我》，里面有这样一段话：“你若不爱你自己，你便无法来爱我，这是爱的法则，因为你不可能给出，你没有的东西。”

跟孩子聊关爱能力的时候，除了教导孩子如何关爱他人，更重要的是要告诉孩子如何爱自己。如果一个人连自己都不爱，又何谈去爱他人呢？那么什么是爱自己？

爱自己，首先是爱自己的真实样子，接受自己的外貌以及优缺点等。告诉孩子，哪怕自己长得不是大众认为的出众面孔，也无须自卑。我们都是世界上独一无二的，不需要去羡慕别人。

爱自己，是不为自己的出身感到自卑，坚持梦想，奋勇直前。自古就有“英雄不问出处”的话，古今中外成功的人，并不个个都是出身良好，但他们靠着对生活的热爱和自己的努力，最终取得了成功。

爱自己，表现为享受和朋友的相处。因为真正爱自己的人，也会把这份爱表达出来，感染身边的人，所以和朋友相处的过程，也就是爱自己、爱他人的过程。

爱自己，也表现为不盲目地和别人比较。要让孩子知道，别人拥有的东西，你可能没有，但是你也拥有别人所没有的。当你确实落后于别人时，也不要怀疑自己，专注做自己，坚信通过自己的努力，总有一天自己也可以成长为一个非常优秀的人。当然，即使发现了自己没有天赋，普通平庸，那也要坦然地接受这样的自己。过好自己的生活，在平凡的生活中收获自己的小乐趣。

除此之外，我们还可以告诉孩子，爱自己就是受到赞扬时内心满足，面对批评时不开心。但是不能一直沉浸在开心满足或伤心难过的情绪里，更不用过分看重别人的期待。毕竟，成长就是在成功和失败中不断地磨砺，不为失败找借口，只为成功找方法，一步一步，只为自己攀登。

最后，我们还要告诉孩子，爱自己就是能够明白自己还是个孩子，生气、自私、嫉妒、羡慕等这些情绪都可以被接受。因为这些情绪都是正常的，是每个人都有的，我们不必为此感到羞耻。当这些负面情绪出现时，还要通过合理的途径发泄出来，保护自己的心理健康。

与孩子聊一聊幸福

作为父母，我们总是希望给孩子最好的，让他们在幸福中成长。但是，什么是幸福呢？让我们和孩子一起聊聊这个话题。

哲学家德谟克利特说，幸福不在财富之中，也不在黄金堆里，幸福在灵魂深处。

我小的时候也问过自己的母亲："妈妈，什么是幸福啊？"

"幸福就是大家在一起，努力工作，认真生活，每个人都健健康康、快快乐乐的。"这就是我的母亲最朴素的幸福观。等到我的孩子来问我这个问题时，我没有直接回答她，而是给了她一个自己寻找幸福的任务，并且附赠一个精美的小便笺本，让她在觉得自己很幸福时，记录下来。

我为孩子布置这样一项任务，是想让孩子明白，幸福不是一种物质条件，而是一种内心的感受。有时候，孩子可能会羡慕别人富足的物质条件，比如更好的玩具、更漂亮的衣服等。但我们要让孩子懂得，这些物质资源并不是幸福的真正来源。幸福的感受，更多的是源自家庭的温暖、父母的关爱、朋友的陪伴等。

当你在学校认真学习，而爸爸妈妈在单位努力工作时，如果我们想到彼此，那么我们都会忍不住露出微笑。虽然我们此刻没有在一起，但是依然能够感受到对方的爱，所以幸福就是爱与被爱。

当你走在上学的路上，头顶突然飘落几片花瓣，一抬头，发现路边的院子里伸出来一根枝丫，上面开满了早春的杏花时，一定会忍不住心情大好。所以幸福就是生活中不断发现各种小美好。当你回到家里，跟爸爸妈妈分享你的发现，于是我们一家决定周末一起去公园赏花，你心里一定充满期待与愉悦。所以幸福就是分享、是期待。

你不小心打破了妈妈最喜爱的那个花瓶，妈妈没有责怪你的不小心，而是先检查你是否受伤，本来忐忑难受的你，觉得此刻心里充满了愧疚与感动。所以，幸福就是包容。

让孩子明白什么是幸福的同时，我们要引导孩子珍惜现在所拥有的。

很多孩子总是抱怨自己的生活不如意，其实，他们是忽略了身边的美好。我们可以和孩子一起回忆一些全家欢聚的瞬间，比如一起旅行、一起做家务、一起玩游戏等，让孩子在回忆中感受这些瞬间的美好。这些瞬间都是孩子幸福的来源，也是父母最珍贵的回忆。

最后，我们要鼓励孩子追求自己的梦想。每个人都有自己的梦想和追求，孩子也不例外。我们可以和孩子一起探讨他们的梦想和追求，并给予他们支持和鼓励，为他们提供不一样的视角和切实的建议。这样，孩子在追求自己的幸福时才能更有动力，也会更加珍惜自己的生活。

总之，幸福是一种内心的感受，不是物质条件所能衡量的。我们要引导孩子珍惜现在所拥有的，并积极追求自己的梦想，这样才能让他们真正感受到幸福。

与孩子聊一聊抗挫折能力

最近，女儿突然情绪低落，干什么都没劲的样子。于是我找了个合适的机会，问她是不是遇到了什么不开心的事情。

孩子犹豫了下，才跟我说："本来不想跟你说的，因为我觉得有点儿丢脸。"

原来是前段时间，孩子跟爸爸夸下海口，说在学校小测验里自己的语文一科能拿满分。她和爸爸约定，如果自己真的拿到满分，爸爸就要带她去游乐场玩。结果成绩出来了，女儿不仅没有拿满分，成绩还不太理想。

我心想，这才遇到这么点儿挫折，孩子就开始消极沮丧了，以后遇到更大的难题，孩子该怎么办？看来得对孩子进行抗挫折能力的培养了。

什么是抗挫折能力？

简单地说，抗挫折能力是孩子面对挫折和困难时表现出的态度，也就是他们所表现出来的心理容忍力，以及遇到挫折后进行自我调整和解决问题的能力。

为什么要培养孩子的抗挫折能力？

因为，在每个孩子的成长过程中，不可避免地会出现各种各样的大大小小的挫折。但不是每个孩子都具备优秀的抗挫折能力。浏览近几年的新闻，我们不难发现，有一部分孩子到了初中、高中之后，面对成绩的不尽如人意及生活中的不顺利，不知道如何解决，只能选择逃避，比如沉迷游戏、离家出走，有的孩子甚至会选择更极端的方式来折腾自己。

孩子好比一个弹簧，学业和生活中的挫折就是施加在弹簧上的压力，弹簧的性能好，被外物施加压力后不仅能恢复原状，还可能反弹得更高；弹簧的性能差，可能就无法恢复。

所谓的弹簧的“性能”，就是孩子的抗挫折能力，它决定着孩子能不能经受住人生中的各种挫折，以及在面对挫折时，孩子有没有足够的能量和信心继续向前。不论孩子是在学校还是以后步入社会，抗挫折能力都是孩子的核心竞争力之一。幼儿园和小学是孩子抗挫折能力的黄金培养期。

有的孩子遇到挫折，会像我女儿一样，消极沮丧，甚至崩溃大哭。举个例子，现在很多小孩子喜欢看电视，尤其是跟着爷爷奶奶的，一般老人家都不忍心孩子哭闹，所以就让孩子拿着遥控器随便看，很多爸爸妈妈知道孩子看太久电视不好，强势一点儿的父母直接关掉电视。有的孩子就因此崩溃大哭，气得摔掉手边一切可以拿得动的东西。这时候有些父母往往会吼两句："别哭了！""摔什么摔！摔东西是不对的！""你太任性了！再哭以后不给你看电视了！""再摔玩具，以后一个玩具也别想要了！"一通训斥之后，孩子往往哭得更厉害了。

那么，孩子情绪崩溃的时候，父母应该怎么做呢？

首先，父母要学会接纳孩子的情绪。在孩子情绪崩溃的时候，堵不如疏。父母可以给孩子一个安全的环境，让他释放心里的委屈、生气、不安。父母的接纳，会让孩子放松下来，他们感觉自己被理解了，内心就会有抵抗挫折的力量。

"我知道你很伤心，你可以哭一会儿。"

"宝贝，我知道你现在很难过，我像你这么大的时候，也喜欢哭，但是最后结果往往并不顺我的心意，所以哭实际上解决不了问题。我们可以先哭一会儿，释放一下情绪，等你情绪平静点儿了，我们好好聊一聊好吗？"

和孩子沟通后，父母还要注意积极暂停，而不是冲动惩罚。积极暂停，意味着跟孩子一起面对问题，而不是跟问题一起打败孩子。因为在这个时候越是指责孩子，给孩子讲一堆大道理，孩子越会觉得自己不好，甚至觉得自己很失败，成就不了什么事儿。这会让孩子没有安全感，而没有安全感的孩子，自然也没有力量去做好事情。

"宝贝，你因为我不让你看电视而生气，那你能不能听听我这样做的理由呢？"

最后，父母要把事后指责，改成解释原则，把情绪和行为分开。首先我们自己要清楚，生气、伤心、委屈、失落等都是正常的情绪，是在每个人身上都有可能出现的。我们可以告诉孩子，怎样才是正确的情绪宣泄方式。孩子崩溃哭泣，扔东西甚至伤害别人、伤害自己，只是因为他不知道怎么做才是正确的，所以他们就只能用自己最简单、最原始的方式来发泄情绪。这时候爸爸妈妈就可以教教孩子什么是正确的发泄方式，并建议他们去试着做一下。

“我知道你现在对我很不忿，那么我们去球场打一场比赛，拿出你现在的怒气值，在球场上来打败你老爸我吧！”

“今天的事情是一个教训，但是我们不能因为一点儿错误就停滞不前，对不对？你看今天的事情像不像你自己画的小漫画，你这个勇者本来已经打败了一个怪兽，但现在又被新的怪兽打败，咱们是不是要给你的小漫画进度更新一下？”

做运动，画涂鸦，写情绪日记，甚至是吹吹肥皂泡……这些都是很好的情绪发泄方式，还能暂时转移一下孩子的注意力，在情绪发泄过之后，大部分孩子都会有新的领悟。

那么，我们要如何培养孩子的抗挫能力呢？可以从这五点来入手。

1. 树立榜样。言传身教是非常高效的教育方式，父母作为孩子眼中的第一模仿对象，就是孩子行为的标杆。在遇到事情时能够扛起责任、扛起义务，在挫折来临时勇往直前的父母，一定能成为孩子的榜样。

2. 紧抓心态。不能让孩子习惯失败，也不能让孩子害怕失败。父母要让孩子端正好心态，正确面对失败，还要培养孩子越挫越勇的精神。父母可以让孩子阅读与挫折和失败的相关书籍，让孩子明白，失败并不可怕，失败后振作起来继续努力，可以让我们变得更强、更好。

3. 勤予鼓励。当孩子在学习生活中遇到困难或挫折时，父母一定要多多给予孩子鼓励，并且告诉孩子，困难、挫折只是一时的拦路虎，它们无法躲避，但也不是不可克服、不可战胜的。通过鼓励，可以让孩子树立起解决问题的信心。

4. 学会放手。在孩子的成长中，父母对于孩子的放手就是对孩子的锻炼。父母要学会放手让孩子做力所能及的事情，不要在一旁指挥、帮忙，而是让孩子自己去感受成长过程中面临的具体的困苦。在生活中，父母还可以适当地创造挫折让孩子体验，比如带孩子玩自己擅长的活动，如户外徒步、爬山或者其他孩子不擅长的活动，让孩子面对失败和挫折，从而培养他们的耐心和坚韧性。

5. 延迟满足。训练孩子的忍耐力，让孩子学会延迟满足。学会等待，是抗挫折的一种能力。要让孩子明白，很多事情是不能一蹴而就的，我们应该在坚持付出中等待成功的到来。

与孩子聊一聊人生

如果有一天，孩子突然问你："妈妈，我学习成绩那么差，如果以后考不上高中、考不上大学，怎么办？"

很多孩子会陷入类似的迷茫中，尤其是遇到挫折之后，如果一时找不到解决方法，又没有及时得到帮助和疏导，时间久了也许还会出现心理问题。

父母可以告诉孩子，人生不如意之事十之八九，哪儿有一帆风顺的人生呢？

遇到孩子求助，父母一定要慎重地思考后，再认真地回答他们的问题，因为孩子的这次求助，也许就是他人生的一个重要转折，会对他们之后的人生产生深远影响。

"人生"这个题目需要人用一辈子去解析，去追寻答案。如果孩子问起我们什么是人生，我们可以这样对孩子说：

"亲爱的孩子，人生就像一场旅行，充满了未知和惊喜。我们都在不断地探索、学习和成长，这就是人生的意义。

"当我们还是小宝宝的时候，只知道吃、睡、玩，随着我们长大，我们接触的世界更大了，就会开始思考更多的问题。我们想知道自己是谁、从

哪里来、要到哪里去……这些问题可能让你感到困惑，但它们都是人生旅途中有趣的问题。

“从小学开始，就要不断地学习、考试，你日夜复习，压力巨大，这些爸爸妈妈都看在眼里。虽然爸爸妈妈很心疼，但是我们也不敢打扰你，因为这段时期的拼搏努力，是为了更光明的未来，也是为了让以后的自己少走一些弯路。但是如果你觉得自己实在撑不住了，甚至觉得这对你的身心健康都有负面影响，那么我们也可以换一条路走。你要知道，你的人生不只是考试，学习也不仅仅是为了考试，而是为了给未来积累学识和经验，是为了能够见识更广阔的世界搭桥铺路。”

莫泊桑说过：“生活不可能像你想象得那么好，但也不会像你想象得那么糟。”其实，人的脆弱和坚强都超乎自己的想象。有时，人们可能脆弱得因为一句话而泪流满面；有时，人们也会突然发现自己已经咬着牙走了很长的路。

“如果你还可以坚持，那么我们就再坚持一下，那么当你之后回过头来看这段时光时，就不会因放弃而后悔。如果你真的坚持不住了，那我们也可以选择放弃。退一步海阔天空，学会放弃也是人生的一门必修课。

“在人生的旅途中，我们会遇到各种各样的人和事。有些事情会让我们感到开心和兴奋，有些则会让我们感到沮丧和失落。但无论遇到什么，我们都要学会坚强和勇敢，因为这些经历都能为我们的成长提供能量。

“当你感到迷茫和困惑时，记得要向爸爸妈妈倾诉。爸爸妈妈会尽自己所能来帮助你，引导你走向正确的方向。我们一起面对人生的挑战，一起成长和进步。

“你的人生才刚刚起步，你还有很多新鲜事物没有见过，很多有趣的事情没有经历，很多有意思的人没有相处，你难道不对此心怀期待吗？

“要知道，人生并不仅仅局限在学校学习和考试之上，围绕着学习和考试的生活其实是很短暂的。一次两次的考试失利，那都不算什么，一次两次的被人拒绝，那也不一定是你自己的问题。即使你真的不小心犯了错误，也不用过于自责，只要你悔过并努力弥补，下次不再犯同样的错，那么这也是你的进步。现在你觉得跨越不过去的大山，抹不平的伤痛，也许过个几年回头再看，你会莞尔一笑，发现这都不是什么大事。

“不要觉得我是为了安慰你才这样说，这可是我的真实经历。我像你这么大的年纪时，有写日记的习惯，每天发生的事情，我都习惯在睡前记录下来，这也让我在之后的日子翻看日记时，能够轻松地回忆起以前的点点滴滴。那些开心的不开心的事情，就像是落在记忆长河中的小雨点，溅起或大或小的小水花，但是不管当时泛起的涟漪有多大，最后都会归于平静。所以在情绪比较强烈的时候，我们可以先缓一缓，让情绪冷却一下，给自己一个缓冲期。当我们不再受情绪控制的时候，再理性地分析问题，也许这时候，你对同一件事情的看法就跟之前完全不同了。

“有人说，人生除却生死无大事，人生就是一个享受当下的过程。我觉得这话说得很对。当我们有所拥有的时候，就要珍惜现在所拥有的东西；在我们失去一些人和物时，也不要陷于自责和后悔的情绪中。因为在你忙着后悔的时候，也许会失去更多现在拥有的，或是错过更多本来会拥有的。

“此外，当我们感到迷茫的时候，我们可以走出熟悉的生活圈子，去相对陌生的地方转一转，也许距离我们不远的隔壁城镇，就有跟我们迥异的生活习惯、风俗文化，值得我们去体验。如果我们不知道要过什么样的人生，那就多看看这个世界吧！多看看别人怎么生活，也许就找到你自己想要的人生了。

“我只能告诉你，人生没有绝对的成功或失败，每个人都是独特的个体，都有自己的价值和意义。在人生的旅途中，其实爸爸妈妈也还在不停地探索，因为大家都没有未卜先知的金手指，我们也不知道这一生怎么过才是正确的，才是值得的、有意义的。只能说，爸爸妈妈提前你几十年来到这个世界上，我们学习的、经历的比你多一些。所以爸爸妈妈会把我们的经历和一些经验分享给你，让你能够有一个参考，能够避免一些不必要踩的坑。当然，无论你将来成为什么样的人，都要相信自己的价值，珍惜每一个瞬间，活出自己的精彩。在你前进的路上，爸爸妈妈永远站在你身后，默默地支持着你。

“最后，我把偶尔听到的这段话送给你，希望你能有所感悟、有所成长。

“你呀，不要碰到一点儿压力，就把自己变成不堪重负的样子，不要碰到一点儿不确定性，就觉得自己前途黯淡无光，不要碰到一点儿挫折，就搞得自己一蹶不振。人这一辈子啊，你该走的弯路，该吃的苦，该撞的南墙，该掉的陷阱，一个都少不了，坚强挺住，熬过去，跨过去，好运自然来。”